LEKTÜRESCHLÜSSEL
FÜR SCHÜLERINNEN UND SCHÜLER

Arthur Schnitzler
Fräulein Else

Von Bertold Heizmann

Philipp Reclam jun. Stuttgart

Dieser Lektüreschlüssel bezieht sich auf folgende Textausgabe:
Arthur Schnitzler: *Fräulein Else. Novelle*. Hrsg. von Johannes
Pankau. Stuttgart: Reclam, 2002 [u. ö.]. (Universal-Bibliothek.
18155.)

RECLAMS UNIVERSAL-BIBLIOTHEK Nr. 15400
Alle Rechte vorbehalten
© 2008 Philipp Reclam jun. GmbH & Co., Stuttgart
Gesamtherstellung: Reclam, Ditzingen
Printed in Germany 2008
RECLAM, UNIVERSAL-BIBLIOTHEK und
RECLAMS UNIVERSAL-BIBLIOTHEK sind eingetragene
Marken der Philipp Reclam jun. GmbH & Co., Stuttgart
ISBN 978-3-15-015400-7

www.reclam.de

Inhalt

1. Erstinformation zum Werk

Als ein Bekannter 1925 Schnitzler gesteht, bei der Lektüre von *Fräulein Else* wegen des monologischen Charakters der Novelle große Schwierigkeiten gehabt zu haben, antwortet ihm der Dichter zu dessen Überraschung, selten sei ihm »etwas Erzählendes so leicht von der Hand gegangen«.[1] Zwei Jahrzehnte nach dem großen Erfolg der ebenfalls in der Form eines »Inneren Monologs« verfassten Novelle *Lieutenant Gustl* hat Schnitzler diese Erzählweise wieder aufgegriffen und weitergeführt, und er wundert sich, angesichts der Leichtigkeit, mit der ihm die Arbeit von der Hand ging, sowie der »ganz außerordentliche[n] Möglichkeiten«, die diese Technik biete, selbst darüber, sie so selten angewandt zu haben.[2] Allerdings räumt er ein, es würden sich »nur wenige Sujets« dazu eignen.[3]

Fräulein Else – *die zweite Monolognovelle nach* Lieutenant Gustl

Das »Sujet« der Novelle, die selbstquälerischen Zweifel der 18-jährigen Else, lässt Schnitzler eine Erzählweise wählen, die die Distanz zwischen Erzähler und Protagonistin verringert, ja fast völlig aufhebt: Elses Monolog ist in hohem Maße subjektiv und erlaubt dem Leser Einblicke in ihr Inneres, ohne durch Reflexionen eines auktorialen Erzählers unterbrochen zu werden. Schnitzler ist oft dafür gerühmt worden, wie überzeugend es ihm, dem mehr als Sechzigjährigen, gelungen ist, sich in die Gefühls- und Gedankenwelt eines jungen Mädchens einzufühlen. Er erweist sich einmal mehr als souveräner Kenner der weiblichen Psyche; gerade seine persönlichen

Subjektivität des Erzählens

Erfahrungen mit durchaus problematischen Frauenfiguren – wozu auch seine zum Zeitpunkt der Abfassung der Novelle 15-jährige Tochter Lili zu zählen ist – haben seinen Blick geschärft für die ›weibliche‹ Sichtweise in Bezug auf Erziehung, Moral, Sexualität und Gesellschaft.

Der zu seiner Zeit berühmte, aber wegen der vielen Skandale um seine allzu freizügigen Werke vielfach angefeindete und mit Prozessen überzogene Autor ist lange Zeit auf diese »Skandalschriften«, insbesondere den *Reigen*, reduziert worden. Im Nationalsozialismus bediente Schnitzler das Vorurteil, jüdische Schriftsteller brächen sämtliche moralischen Gesetze oder Tabus und seien deshalb als ›undeutsch‹ oder ›entartet‹ abzulehnen. Auch nach 1945 litten Schnitzlers Schriften unter dem Makel, als allzu zeitbezogen zu gelten: Man amüsierte sich eher darüber, dass derartige Darstellungen das damalige Publikum schockieren und empören konnten. Erst in den letzten Jahren ist die literarisch interessierte Öffentlichkeit bereit, in Schnitzler auch wieder den sensiblen Psychologen und Gesellschaftskritiker zu sehen, dem es in seinen Theaterstücken und Erzählungen gelungen ist, bei aller Zeitgebundenheit grundsätzliche menschliche Verhaltensweisen in ihrer Problematik zu thematisieren. Einen schönen Beleg liefert der Film *Eyes Wide Shut* von Stanley Kubrick (1999), der auf Schnitzlers *Traumnovelle* basiert: Mühelos gelingt es Kubrick, die Thematik der Zwanziger Jahre in Wien ins New York des ausgehenden 20. Jahrhunderts zu transponieren – die Dramatik der zwischenmenschlichen Spannungen ist hier wie dort eine ganz ähnliche.

Auch wenn es heute fraglich erscheint, ob ein junges

Schnitzler, ein »Skandalschriftsteller«

Neubewertung Schnitzlers heute

Mädchen sich in einer vergleichbaren Situation derartigen seelischen Qualen aussetzt, wie Else es tut, so ist die Erzählung dennoch mehr als ein bloßes Spiegelbild einer untergegangenen Zeit, sie ist die nachvollziehbare Darstellung des Selbstfindungsprozesses eines jungen Menschen in einer gesellschaftlich und moralisch fragilen Umwelt.

2. Inhalt

Ort und Zeitpunkt des erzählten Geschehens lassen sich aufgrund einiger nachvollziehbarer Daten genau feststellen: Es spielt am 3. September 1896.[4] Der Leser lernt die Titelfigur als ein neunzehnjähriges Mädchen aus Wien kennen, das seinen Urlaub auf Einladung der »reichen Tante« Emma in dem Hotel Fratazza in San Martino am Fuße des Cimone, eines Gipfels der Palagruppe in den Südtiroler Dolomiten, verbringt; normalerweise hätte sie, die »arme Verwandte« (6), sich einen solchen Luxus nicht leisten können. Im selben Hotel halten sich auch ihr Cousin Paul sowie Cissy Mohr auf. Mit Paul, den Else im Verdacht hat, ein Verhältnis mit der verheirateten Cissy zu haben, hat Else gerade Tennis gespielt, möchte sich jetzt aber zurückziehen. In Gedanken ist sie bei einem Expressbrief, den sie von zu Hause erwartet und der sie in Unruhe versetzt. Außerdem wird spürbar, dass sie sich in der Atmosphäre des vornehmen Hotels nicht recht wohl fühlt, obwohl sie sich selbst als »Snob« (7) sieht: Die reichen Müßiggänger mit ihrem affektierten Gehabe fallen ihr, die auch aus »besseren Verhältnissen« (6) stammt, aber verarmt ist, auf die Nerven. Am Abend begegnen ihr im Hotel verschiedene Gäste, mit denen sie kurz ins Gespräch kommt, so auch der reiche jüdische Kunsthändler Dorsday. Ein Portier überreicht ihr den erwarteten Brief, den sie aber erst später in unheilvoller Erwartung auf ihrem Zimmer öffnet. Tatsächlich sind ihre Befürchtungen berechtigt. Ihre Mutter teilt ihr wortreich mit, dass der Vater, ein mit dubiosen Geschäften betrauter Anwalt in Wien, wieder einmal in große finanzielle Bedrängnis

Ort und Zeit des Geschehens

geraten sei und sich nicht mehr zu helfen wisse, da die bisherigen Freunde und Verwandten alle bereits im Übermaß in Anspruch genommen worden seien. Deshalb wende man sich jetzt an sie, die Tochter, da sie ihnen von Dorsday geschrieben habe, den der Vater seit langem kenne, und man bitte sie, doch Dorsday, der Else schon als Kind »immer besonders gern gehabt« habe (13), um den »Liebesdienst« anzugehen, dem Vater mit dreißigtausend Gulden aus der Not zu helfen. Sollte der Vater die Summe nicht beibringen können, werde er wohl ins Gefängnis wandern müssen, da es sich, wie indirekt durchklingt (und sich später bestätigt), um veruntreute und an der Börse verspekulierte Mündelgelder handele.

Else liest den Brief mit Verbitterung. Ihr geht durch den Sinn, dass die Familie eigentlich schon seit Jahren am Ende ist, aber dennoch nach außen hin eine sorglose Existenz vortäuscht. Sie fühlt sich zerrieben zwischen dem gesellschaftlichen Anspruch einerseits, den insbesondere der Vater aufrecht zuerhalten sucht, und der moralischen Verurteilung der Ursachen dieser Verarmung andererseits. Sie sieht sich außerstande, dem Wunsch der Eltern nachzukommen und Dorsday anzubetteln, stattdessen gehen ihr einige Alternativen durch den Sinn, die aber allenfalls in der Selbstanklage enden, ihrerseits nicht über die Mittel zu verfügen, die dem Vater aus seiner Klemme helfen könnten. Trotz ihres Abscheus vor den – unterstellten – finanziellen Machenschaften ihres Vaters und des zwischenzeitlich geäußerten Wunsches, dieser möge tot sein (vgl. 14, 36, 37 u. ö.), wächst in ihr dann doch das Bedürfnis der guten Tochter, den Vater zu »retten« (16). Und in den nächsten Stunden beginnt sie sich mit dem Gedanken zu befassen, Dorsday »an[zu]pumpen«

Elses Dilemma

(18), obwohl sie sich sehr wohl darüber im Klaren ist, dass dies eine Gegenleistung erforderte und somit ein Akt der Prostitution wäre; sie beschwört Erinnerungsbilder sowohl aus der eigenen Bekanntschaft als auch aus der Literatur herauf, die ihr – gegen alle Skrupel – das Alltägliche und Nicht-Unübliche eines solchen Verhaltens zeigen sollen. Aber da sie selbst noch über keine diesbezüglichen Erfahrungen verfügt, helfen ihr solche Vorstellungen nicht weiter, sodass sie sich in ihrer Verzweiflung wünscht, tot zu sein.

Von diesen widersprüchlichen Empfindungen erfüllt, bereitet Else sich auf ein Treffen mit Dorsday vor. Bei ihrer Begegnung gelingt es ihr, wenn auch widerstrebend, die Rede auf den Brief der Mutter und auf die dreißigtausend Gulden zu bringen. Dorsday durchschaut die Hintergründe; er weiß, dass er das Geld trotz Elses Beteuerungen nicht wiedersehen wird, dennoch ist er bereit, gegen eine »Bedingung« – später spricht er auch von einer »Forderung« –, sich darauf einzulassen. Diese Bedingung besteht darin, dass sich Else ihm nackt zeige – auf seinem Hotelzimmer oder auch auf einer Waldlichtung; sie solle sich entscheiden. In den folgenden Stunden gehen Else erneut die widersprüchlichsten Gedanken durch den Sinn: Sie stellt sich vor, der Vater sei im Gefängnis und die Familie litte unter der Schande, dann wieder sieht sie sich selbst als Tote aufgebahrt und vermeint die Stimmen der anderen zu hören, die über die Gründe ihres Todes spekulieren. Dorsday könne ja ihren nackten Leichnam sehen – somit habe sie ihren Teil der Abmachung erfüllt. Dann wieder schreckt sie davor zurück, sich selbst zu töten, wenn sie auch in Gedanken erwägt, wie viel Veronal sie dazu brauchte (52). Immer wieder sträubt sich ihr Inneres dagegen, sich vor Dorsday zu prostituieren. Sie wird sich

Die Bedingung

zwar bewusst, dass sie sich noch vor kurzem ausgemalt hat, ein Leben als »Luder« zu führen – dazu gehöre weit mehr als sich vor einem Mann für Geld nackt zu zeigen (vgl. auch 53) –, aber sie unterscheidet doch zwischen »Luder« und »Dirne«: »Ich verkaufe mich nicht« (39).

Sie verpasst das Dinner; auch hierbei malt sie sich aus, was die anderen, insbesondere Dorsday, wohl angesichts ihres Fehlens bei Tisch denken. Als sie wieder die Hotelhalle betritt, überreicht ihr der Portier eine Depesche. Bevor sie sie öffnet, blitzt kurz die Hoffnung in ihr auf, der Vater könne sich tatsächlich umgebracht haben und somit würde die Abmachung mit Dorsday hinfällig sein – sofort aber bekommt sie wegen dieser Gedanken ein schlechtes Gewissen. Das Telegramm enthält jedoch die Mitteilung, es müssten nicht dreißig-, sondern fünfzigtausend Gulden aufgebracht werden, sonst sei »alles vergeblich« (55). Dies stürzt sie in erneute Verlegenheit, denn sie weiß nicht, wie sie Dorsday die Erhöhung der Summe plausibel machen soll, zumal sie ja immer noch nicht mit sich ins Reine gekommen ist, ob und wie sie sich überhaupt auf den Handel einlassen soll. Mit Macht kehren die Gedanken an Selbstmord wieder. Die Tütchen mit Veronal sind ihr jetzt »die lieben Pulver« (57). Erneut überlegt sie, dass ihr Teil der Abmachung ja auch erfüllt wäre, wenn Dorsday sie als nackte Leiche sähe. Dann verwirft sie diesen Gedanken wieder und bezichtigt sich selbst der Feigheit. Schließlich fasst sie den Entschluss, sich nackt auszuziehen und, nur in einen Mantel gehüllt, in die Hotelhalle hinunterzugehen; sie spielt mit dem Gedanken, sich vor allen Anwesenden zu entblößen. Zuvor will sie Dorsday einen Brief zukommen lassen, in dem sie kundtut, sie habe die Bedingung erfüllt und er solle seinerseits den erhöhten Betrag anweisen; anschließend will sie das Veronal zu sich nehmen und einschlafen. Sie weiß nur noch nicht, ob sie es nur schluckweise als Schlafmittel dosiert nehmen soll oder als tödliche Überdosis, jedenfalls bereitet sie ein Glas mit dem ganzen verbliebenen Pulver vor.

Zögerlich macht sie sich auf den Weg; sie legt den Brief vor Dorsdays Zimmertür. In der Halle begegnet sie nur einigen Fremden und dem Portier, die sie teils »verdächtig«, teils »hochachtungsvoll« (66) zu mustern scheinen. Dorsday selbst ist zunächst nicht zu finden, auch im Spielzimmer nicht, wo sie ihn am ehesten vermutet hat. Die Tante, die zufällig vorbeikommt, bemerkt besorgt ihr blasses Aussehen und will sogar nach einem Arzt rufen, gibt sich dann aber mit Elses Ausflüchten zufrieden. Den Klängen eines vertrauten Klavierstückes – Schumanns *Carnaval* – folgend, gelangt sie schließlich ins Musikzimmer, in dem einige Herren dem Klavierspiel lauschen darunter Dorsday und ein junger Mann, der ihr schon früher aufgefallen ist, da er nicht nur ein schöner Jüngling (ein »Römerkopf«, 69 u. ö.), sondern auch ein »Filou« zu sein scheint. Als Dorsday sie erblickt, beginnt sie hysterisch zu lachen. Die Augen aller sind auf sie gerichtet; insbesondere die Blicke Dorsdays empfindet sie als körperliche Berührung. Sie öffnet den Mantel und zeigt sich in ihrer Nacktheit; aber unfähig, dem psychischen Druck, dem sie in den letzten Stunden ausgesetzt war, weiter standzuhalten, bricht sie zusammen und wird von den heraneilenden Hotelgästen – darunter Paul und Cissy sowie Tante Emma – für ohnmächtig gehalten. Sie befindet sich allerdings in einem halbwachen Zustand, in dem sie die verschiedenen Stimmen vernimmt und sie für sich kommentiert. Dabei wird auch deutlich, dass die – zuvor schon von Else als unangenehm empfundene – übertriebene Sorge der

Else zeigt sich nackt

Tante eher geheuchelt war. Der Tante ist die Situation wegen des »Skandals« (vgl. 75), den ihre Nichte hervorruft, peinlich; sie möchte anderntags abreisen, allerdings nicht zusammen mit »dieser Person« (74), die sie in einer »Anstalt« unterzubringen beabsichtigt. Auch wird Else gewahr, dass Cissy Paul duzt – darin sieht sie die endgültige Bestätigung für eine Liaison zwischen den beiden. Paul, der ja Arzt ist, auch wenn ihm seine Mutter wenig zuzutrauen scheint, hat sich als erster Elses angenommen und verspricht, sich um sie zu kümmern; man hat inzwischen eine »Bahre« herbeigeschafft – den Ausdruck empfindet Else, nicht ohne Sarkasmus, als durchaus passend –, sie in ihr Zimmer gebracht und dort ins Bett gelegt. Die Tante geht und wiederholt dabei ihre Ansicht, Else benötige eine »Wärterin«. Paul und Cissy wollen die Nachtwache halten. Dorsday kommt an die Tür und erkundigt sich nach Else. Während Paul sich vor der Tür mit ihm flüsternd unterhält, beugt sich Cissy über Else und wirft ihr, in der Überzeugung, diese könne alles hören, vor, den ganzen »hysterische[n] Anfall« (76) lediglich inszeniert zu haben. Als auch sie auf den Flur tritt, um an dem Gespräch zwischen Paul und Dorsday teilzunehmen, greift Else nach dem bereitstehenden Glas mit dem Veronal und trinkt es leer. Das Glas fällt klirrend zu Boden; aufgrund des Geräusches | *Das Ende* |

kommen Paul und Cissy zurück. Die misstrauische und eifersüchtige Cissy hält es nach wie vor für möglich, dass Else wach ist; Paul aber kommt, nachdem er ihr den Puls gefühlt hat, zu dem Schluss, Else sei eingeschlafen. Ihm entgehen also Elses Bemühungen, tatsächlich wach zu werden und Paul, den Arzt, anflehen zu können, sie zu »retten«. Diese letzten Regungen des Überlebenswillens und der Todesangst werden begleitet von wirren Erinnerungsfetzen, in denen Personen teils aus der Kindheit, teils aus der jüngsten Vergangenheit, in abenteuerlichen Kostümen und mit grotesken Handlungen an ihrem inneren Auge vorbeiziehen. Dominant ist der Gedanke, alle seien »Mörder« (77), weil sie ihren Tod verschuldet haben; im Sträflingsgewand singen diese Figuren einen schauerlichen Chor, in dem sich kindlich-vertraute und erotische Elemente vermischen. Von allen fühlt Else sich alleingelassen – wie eigentlich ihr ganzes Leben schon. Bevor sie das Bewusstsein endgültig verliert – Pauls Rufe dringen nicht mehr zu ihr vor –, wähnt sie zu fliegen; ein anderer Chor, begleitet von Orgelklängen, in den alle, auch sie selbst sowie die »Wälder […] und die Berge und die Sterne« (81), einstimmen, scheint ihr das Schönste zu sein, was sie je gehört hat. Erst »morgen früh« (81) möchte sie wieder geweckt werden, aber diesen Morgen wird sie nicht mehr erleben.

3. Personen

Else. »Fräulein Else T., ein neunzehnjähriges bildschönes Mädchen, Tochter des bekannten Advokaten ...« (11): so stellt sich die Titelfigur eine Zeitungsmeldung über sich selbst vor, wenn sie – infolge eines Unfalls oder durch Absicht – aus dem Hotelfenster fiele und hinunterstürzte. Man wird sie sich als attraktive junge Frau denken können, auch wenn sie an anderer Stelle über sich sagt: »Schön bin ich eigentlich nicht, aber interessant« (18). Ihres guten Aussehens ist sie sich gleichwohl bewusst, da sie entsprechende Blicke oder Andeutungen der Männerwelt durchaus richtig einzuschätzen vermag (vgl. 33, 42, 65 u. ö.) und gerne Vergleiche mit anderen Frauen anstellt, die für sie positiv ausfallen (vgl. 24, 72 u. ö.). Sie ist jüdischer Herkunft, aber da sie rötlichblonde Haare hat, »sieht's [ihr] niemand an« (17); darauf scheint sie stolz zu sein, auch wenn sie das Gegenteil behauptet. Gelernt hat sie nichts »Gescheiteres« (16) als Klavierspielen, Französisch, Englisch und ein bisschen Italienisch, außerdem hat sie ein paar kunstgeschichtliche Vorlesungen besucht; sie wurde also, wie viele Mädchen der sogenannten ›besseren Gesellschaft‹ Wiens im ausgehenden 19. Jahrhundert, daraufhin erzogen, eines Tages eine »reiche Partie« (20) zu machen.

Elses Bestimmung als Tochter aus gutem Hause

In ihrem Verhalten sowie in ihren Gedanken, Meinungen und Gefühlen zeigt sie sich – altersgemäß – äußerst schwankend, teilweise widersprüchlich. Kindliche Wunschvorstellungen wechseln sich ab mit ernsthaften Reflexionen über Moralität oder den Zustand der Gesellschaft.

Ihre Fähigkeit zur Selbstreflexion

Sie verfügt aber über ein hohes Maß an Selbstreflexion; so weiß sie sich gegenüber anderen Personen und Situationen abzugrenzen, nicht ohne Selbstironie: Schon am Anfang der Novelle äußert sie sich etwas spöttisch gegenüber den Tennispartnern und beglückwünscht sich nach ihrem Abschied selbst mit den Worten: »Das war ein ganz guter Abgang« (7). Nachdem sie selbst als »gnädiges Fräulein« bezeichnet worden ist, stellt sie ironische Reflexionen darüber an, ob sie nicht eher als »ungnädig« zu bezeichnen sei (vgl. 5). Auch den anderen Personen gegenüber zeigt sie sich kritisch-distanziert, so vor allem gegenüber Dorsday, den sie in seiner Aufgeblasenheit und in seinem falschen Adel sehr gut durchschaut. In ihren Einstellungen und Auffassungen erweist sie sich ebenfalls als schwankend und ungefestigt: So zeigt sie sich etwa aufgeschlossen gegenüber dem Genuss von Haschisch (9), ohne genau zu wissen, was es damit überhaupt auf sich hat. Sie sieht dies unter dem Motto: »Versuchen sollte man alles« (9). Über ihre Situation gibt sie sich keinen Illusionen hin. Sie weiß, dass sie und ihre Familie bessere Zeiten gesehen haben und dass sie den Aufenthalt in dem teuren Hotel nur dem Mitleid der reichen Tante zu verdanken hat. Dennoch ist sie weit davon entfernt, der Tante gegenüber unkritische Ergebenheit an den Tag zu legen, weil sie zu wissen glaubt, dass diese ihre Freigebigkeit bereits bereut (vgl. 6). Ihr Schicksal – also verarmt und auf das Mitleid anderer angewiesen zu sein – trägt sie eher mit Stolz als mit Demut. So äußert sie sich überlegen gegenüber dem »bitteren Los« (8), als »Bonne« (Kindermädchen) arbeiten zu müssen, obwohl sie nicht ausschließen will, dass ihr dieses Schicksal auch eines Tages blühen kann.

Eine große Bedeutung in der Gedanken- und Gefühlswelt

der heranwachsenden Frau nimmt die Sexualität ein. Sie befindet sich in der Phase des Übergangs: Einerseits wird sie sich mehr und mehr bewusst, begehrenswert zu sein, und spielt ihre Attraktivität gegenüber der Männerwelt aus, indem sie sich teilweise zurückhaltend, teilweise »kokett« (26) verhält, andererseits fehlt es ihr an konkreten Erfahrungen, sodass ihre Zukunftsprojektionen unklar und widersprüchlich bleiben. Dafür zwei Beispiele.

Bedeutung der Sexualität

Elses Einstellung gegenüber Liebe und Ehe

Mehrfach äußert sie sich über das Verliebtsein. Sie beteuert bereits am Anfang, nicht in Paul (den Cousin) verliebt zu sein, ja sie sagt, sie sei überhaupt noch nie verliebt gewesen, obwohl sie sich dies einige Male eingebildet habe. Als Objekte ihres kindlichen Verliebtseins nennt sie dagegen, durchaus alterstypisch, literarische Figuren. Es darf also unterstellt werden, dass sie noch nie ›richtig verliebt‹ war (»Ich glaube, ich kann mich nicht verlieben«, sagt sie von sich selbst, 6). Das andere Beispiel bezieht sich auf das Heiratenwollen und den Kinderwunsch. Der Wunsch zu heiraten ist bei ihr durchaus übermächtig, aber infolge mangelnder Erfahrung eher romantisch-verwaschen oder desillusioniert-pragmatisch. »Nach Amerika würd ich ganz gern heiraten, aber keinen Amerikaner. Oder ich heirat einen Amerikaner und wir leben in Europa« (6). Dies sind noch Äußerungen eines unreifen jungen Mädchens. Wenig später hat sie Gelegenheit, über die Ehe ihrer Eltern nachzudenken, und sie ist sich sicher, dass der Vater die Mutter, die sie als »ziemlich dumm« (7) charakterisiert, mehrfach betrogen hat. Das negative Bild einer Ehe setzt sich fort in weiteren Begegnungen und Reminiszenzen: Die verheiratete Cissy, die offensichtlich ein Verhältnis mit Paul hat, vernachlässigt ihre kleine Tochter; die Freundin Fanny hat sich an einen Mann »verkauft«, obwohl es ihr vor ihm »graust« (18); eine andere Freundin, Bertha, hat gleichzeitig mehrere Liebhaber; Else selbst glaubt, sich in einer Ehe »verkaufen« zu müssen und stellt sich deshalb vor, sollte sie verheiratet sein, ebenfalls mehrere Liebhaber zu haben. Andererseits brechen zwischendurch bürgerliche Kriterien durch, zum Beispiel als sie sich fragt: »wer heiratet die Tochter eines Defraudanten [Betrügers]?« (19). Es scheint ihr nichts übrig zu bleiben, als von der Illusion einer Partnerschaft, die auf gegenseitiger Liebe und Vertrauen aufbaut, Abschied zu nehmen und – wie die meisten Bekannten auch – gegebenenfalls eine Ehe einzugehen, die zwar als »reiche Partie« (20) gilt, in der aber beide Partner jederzeit zum Seitensprung bereit sind. Diese zwiespältige Einstellung zur Ehe wirkt sich auch auf den Wunsch aus, Kinder zu haben. Einerseits glaubt sie zu wissen, »nicht mütterlich« zu sein und weiß deshalb genau: »Aber Kind will ich keines haben« (21). Andererseits träumt sie von einem Leben auf dem Lande mit einem Gutsbesitzer: »und Kinder werde ich haben« (21). Mit einem Mann hat sie einmal zwei Abende verbracht und glaubt, dieser sei der Einzige gewesen, mit dem sie hätte glücklich werden können, aber er habe sich – wahrscheinlich wegen ihres Vaters – nicht mehr sehen lassen.

Ihr bisheriges Leben ist also, in Bezug auf Liebe und Sexualität, widersprüchlich und unbefriedigend verlaufen. Immer stärker tritt im Verlauf der Geschichte der Verdacht in den Vordergrund, dass in ihrer Jugend Ereignisse vorgefallen sind, die es ihr unmöglich machen, eine ›normale‹ Bindung einzugehen. Angedeutet wird dies durch ihre Angst vor allzu großer Nähe oder vor Berührung (s. Kapitel 6: Interpretation). Gleichwohl hält sie sich, fast schon kokett, für ein »verworfenes Geschöpf« (50) und sagt: »Ein kleines Luder bin ich, weiter nichts« (53) oder später: »Ein Luder will ich werden, wie es die Welt noch nicht gesehen hat« (56). Einige Male ist sie drauf und dran, ihren Worten Taten folgen zu lassen, z. B. als sie nackt, nur mit einem Mantel eingehüllt, auf dem Flur einem Unbekannten begegnet: »Ich könnte eine kleine Probe veranstalten – ein ganz klein wenig den Mantel lüften. Ich habe große Lust dazu« (63). Aber das meiste spielt sich in ihrer Fantasie ab, sodass der Akt der Entblößung einer fast schon übermenschlichen mentalen Kraftanstrengung bedarf.

Überhaupt leidet sie darunter, »feige« zu sein. Mit dieser selbstkritischen Einschätzung meint sie zum einen die Scheu, ihren Empfindungen freien Lauf zu lassen – beispielsweise als sie die Regung verspürt, Dorsday in aller Öffentlichkeit ins Gesicht zu schlagen (34). Zum anderen zweifelt sie daran, ob sie imstande sein wird, sich selbst umzubringen, auch hier sagt sie: »ich bin ja viel zu feig« (52). Aber dieser Begriff passt eigentlich nicht, denn sie ist einfach zu labil, den starken seelischen Belastungen standzuhalten.

Ein anderer, ebenfalls selbstkritischer Ausdruck trifft ihren wesentlichen Charakterzug besser: »Mir fehlt es an Energie« (20). Dies meint sie zwar in Bezug auf ihre beruflichen Ambitionen (»Bin nicht geschaffen für eine bürgerliche Existenz, und Talent habe ich auch keines«, 50), aber auch in ihren sämtlichen Handlungen – und zwar auch schon vor Erhalt der Depesche – zeigt sich doch immer wieder ihre Unsicherheit. Diese erklärt sich allerdings nicht nur aus ihrem Charakter heraus, sondern insbesondere auch aufgrund des persönlichen und sozialen Umfeldes, in dem sie sich befindet.

> »Mir fehlt es an Energie«

Als weiterer Charakterzug wäre schließlich noch ihre Sentimentalität zu nennen. »Es ist zum Weinen schön«, sagt sie angesichts des roten Glanzes über den Dolomiten (7). Auch hier steht sie unter dem Einfluss sozialer Zwänge, denn sie weiß, dass sie diese Schönheiten der Natur bald wieder aufgeben und in die Stadt zurückkehren muss. Insofern verraten diese Äußerungen auch Selbstmitleid.

Sentimentalität

Von Dorsday. Dorsday ist ein Mann Anfang sechzig, der »mit dem graumelierten Spitzbart [...] immer noch ganz gut« aussieht (8), wie Else sich trotz seiner »Kalbsaugen« eingestehen muss. Gleichwohl tritt sie ihm von Anfang an mit Ironie und Distanz entgegen, denn sie stößt sich an seinem affektierten Verhalten, das sich auch in seiner Redeweise zeigt. Mit seinen manikürten Händen, seinem Monokel und seinen Maßanzügen (vgl. 28) wird er dargestellt als Typus des unsympathischen neureichen Juden. Allerdings gestaltet Schnitzler diese Figur nicht ohne Selbstironie, denn die Beschreibung des Äußeren sowie die jüdische Herkunft passen durchaus auch auf ihn selbst, denn auch er war bei der Niederschrift der Novelle etwas über 60 Jahre alt. Dorsday ist als Kunsthändler zu Reichtum gelangt. Bei ihrer ersten Begegnung mit ihm sagt sich Else, Dorsday habe »sicher einmal anders geheißen« (8), und später spricht sie über ihn als von dem »Herrn Dorsday aus Eperies« (18) – also ohne das Adelsprädikat und mit Angabe seines Herkunftsortes, einer unbedeutenden Kleinstadt in Ungarn. Vieles spricht somit dafür, dass er, ursprünglich ein kleiner ungarischer Handelsjude, sich den englischen Adelstitel gekauft haben dürfte. Else scheint

Dorsday: Emporkömmling und Lebemann

diese Vermutung ebenfalls zu haben, denn sie glaubt ihm seine »Noblesse« nicht (16). An den Namen lassen sich einige Assoziationen anschließen, etwa infolge des Anklangs an »doomsday«, den Gerichtstag am Ende der Zeit, oder an englisch »door« als Anspielung auf die Funktion Dorsdays als letzter Ausweg.[5]

> Er ist rücksichtslos genug, Elses Notlage sofort auszunutzen und seine unmoralische »Bedingung« (33) zu stellen. Er weiß zwar, dass der von ihm erwartete Betrag nur ein »Tropfen auf einen heißen Stein« (31) wäre und er das Geld nie wiederbekommen wird – dies äußert er auch offen –, aber seine Zustimmung ist von der sexuellen Begierde eines alternden Lebemannes dominiert. Else empfindet seine Avancen durchaus als sexuelle Attacke, zumal er sich ihr auch körperlich aufdrängt (»Ja, ja, drück die Knie nur an, du darfst es dir ja erlauben«, 30; vgl. auch 36). Im weiteren Verlauf der Handlung wird er von Else noch mehrere Male mit negativen Begriffen bedacht, und da er die protzigen Manieren eines Emporkömmlings hat, gipfeln diese Einschätzungen in dem Ausdruck »affektierter Schuft« (36). Sie ist sich auch sicher, dass er, falls man ihn zu einem Ehrenhandel auffordern würde, zu »feig« (42) wäre, sich darauf einzulassen.

Ob ihn echte Besorgnis und Anteilnahme in das Zimmer der für ohnmächtig geltenden Else führt, lässt sich nicht sicher sagen; wahrscheinlicher ist aber, dass ihn pure Neugier angetrieben hat.

Elses Vater. »Ach, lieber Papa, du machst mir viel Sorgen« (7). Diesen Satz schließt Else an eine Reflexion an, dass ihr Vater sie wegen ihres angeblichen »Snobismus« ausgelacht habe. Aber weshalb sollte sie sich wegen dieser harmlosen

Kritik Sorgen machen? Nach und nach stellt sich heraus, dass ihre Besorgnis tiefere Ursachen hat. Denn der Vater, ein »bekannter Advokat« Wiens (11), hat sich schon seit mindestens sieben Jahren (vgl. 15) in dubiose Geldgeschäfte verstrickt; offensichtlich hat er Mündelgelder veruntreut und an der Börse verspekuliert, sodass er schon einige Male fremde Hilfe in Anspruch nehmen musste. Diese

> *Der Vater – ein*
> *»Defraudant«*

Helfer scheinen sich jedoch inzwischen zu versagen und wenden sich von ihm ab, ein Verhalten, das er als »schändlich« empfindet, die Tochter aber durchaus nachvollziehen kann: »Papa hat so viel beste Freunde gehabt und in Wirklichkeit keinen« (14). Auch dass der Vater deswegen »verzweifelt« sei, will die Tochter nicht recht glauben, denn sie unterstellt – wahrscheinlich zu Recht –, ihr Papa könne gar nicht verzweifeln, das entspreche nicht seinem Naturell. Es ist ein hartes Urteil, das die Tochter hier über ihren Vater fällt, aber es zeigt ihren Scharfblick. Sie nimmt ihm auch nicht ab, dass er wegen der Bitte, Dorsday anzubetteln, »Bedenken« gehabt habe. Folglich interpretiert sie diesen Wunsch richtig als das, was er ist: nämlich die Aufforderung sich zu prostituieren (»Wie wär's, Papa, wenn ich mich heute abend versteigerte?«, 18).

Es fällt schwer, mit dem »Defraudanten« (18 u. ö.), also dem Betrüger, Mitleid zu haben. Er verkörpert den Typus des leichtsinnigen Lebemanns, der über seine Verhältnisse lebt, lange Zeit versucht, sich mit halbredlichen Machenschaften über Wasser zu halten, und der dann gewissenlos genug ist, seine Tochter als Werkzeug einzusetzen. Nach außen hin zeigt er sich – in der Oper oder in großer Gesellschaft – als stets »gut aufgelegt« (15), und nur ein so scharfer Beobachter wie seine Tochter vermag dann seinen »leeren Blick« zu erkennen. Gesellschaftliche Anerkennung geht ihm über alles, und die Schuld für irgendwelche Missgeschicke sucht er immer bei anderen. Deshalb ist sich Else auch sicher, dass das Geld, sollte sie es tatsächlich von Dorsday bekommen, entgegen der Beteuerung des Vaters nicht reichen würde, sondern lediglich eine Bestätigung dafür wäre, es gäbe immer wieder irgendwelche Auswege und man könne weitermachen wie bisher. Sollte er im anderen Falle ins Gefängnis wandern müssen, würde auch das keine wesentliche Charakter- oder Verhaltensänderung bewirken. Dennoch macht ihm seine Tochter keine Vorwürfe: »Er ist ja seelengut, nur leichtsinnig ist er. Sein Verhängnis ist die Spielleidenschaft. Er kann ja nichts dafür, es ist eine Art Wahnsinn« (40). (Zur tiefenpsychologischen Deutung des Vater-Tochter-Verhältnisses vgl. Kapitel 6: Interpretation).

Elses Mutter. In der Beurteilung ihrer Tochter kommt die Mutter schlecht weg. »Mama ist ziemlich dumm. Von mir hat sie keine Ahnung« (7). Diese doppelte Aussage charakterisiert die Mutter wohl recht gut, auch wenn sie sich sehr hart anhört. »Dumm« sei die Mutter, weil sie wahrscheinlich »öfters« von ihrem Mann betrogen worden ist – vielleicht hat sie es nicht gemerkt, dann träfe der Vorwurf der Dummheit zu, oder aber sie hat es gemerkt und hat es sich gefallen lassen. Auch dieses Verhalten wird von Else als »dumm« bezeichnet (vgl. 18 und Kapitel 6: Interpretation). Dass sie von ihrer Tochter »keine Ahnung« hat, wird schon bald durch ihren Brief bestätigt. Hier zeigt sich ihr Charakter recht deutlich. Sie macht sich zum Sprachrohr und damit zur Komplizin ihres Mannes, indem sie dessen betrügerische Machenschaften kaschiert. Auch hat sie bisher immer das Spiel mitgespielt, der Gesellschaft etwas vorzugaukeln. Dies muss auch Else mit bitterem Sarkasmus anerkennen: »Mama ist wirklich eine Künstlerin. Das Souper am letzten Neujahrstag für vierzehn Personen – unbegreiflich« (15). Doch kann sie diese Fähigkeit, den Schein zu wahren, letztlich nicht bewundern, denn sie und ihr Bruder haben dann die Kehrseite zu spüren bekommen, wenn für ihre Bedürfnisse kein Geld da war. Auch die Mutter selbst hat darunter zu leiden, denn »Schmuck hat die Mama freilich keinen mehr« (22).

An Elses Kommentaren über ihre Mutter fällt auf, dass

Verachtung Elses gegenüber der Mutter

diese sehr viel schlechter als der Vater wegkommt, obwohl sie ja eigentlich selbst keine Betrügerin ist. Elses Einstellung ist vielmehr von einer latenten Verachtung gekennzeichnet. Dies dürfte daran liegen, dass die Mutter Else die Ungeheuerlichkeit zumutet, sich an Dorsday zu verkaufen, und ihr somit erst recht das Gefühl vermittelt, völlig »allein« zu sein (vgl. 19). In einer Situation, da die heranwachsende Tochter des mütterlichen Rates und Schutzes bedürfte, fühlt sie sich ausgerechnet von der eigenen Mutter verraten. Bereits im Vorjahr, als Else an den wesentlich älteren Direktor Wilomitzer verkuppelt werden sollte, hatte der Vater sich fast »geniert«, während die Mutter »ganz deutliche Anspielungen gemacht« hatte (47). Die Mutter entlarvt sich jetzt gerade durch den Versuch, ihre Absicht zu verschleiern. »Ich versichere dich, es ist nichts dabei« (14), schreibt sie ihrer Tochter, oder: »Glaub mir, du vergibst dir nicht das Geringste, mein geliebtes Kind« (15). Was Else in anderem Zusammenhang ihrer Mutter entgegenhält, gilt erst recht hier: »Hältst du mich für eine Gans, Mama?« (13); somit wird deutlich, dass die Mutter,

um den gesellschaftlichen Schein zu wahren, die Tochter
der gleichen Amoralität aussetzt, der man sie selbst be-
zichtigen muss.

Weitere Personen

Fred. »Fred, das ist nämlich Herr Friedrich Wenkheim,
nebstbei der einzige anständige Mensch, den ich in mei-
nem Leben kennengelernt habe. Der einzige, den ich ge-
liebt hätte, wenn er nicht ein gar so anständiger Mensch
wäre« (50). Diese Charakterzeichnung des Jugendfreun-
des, der in Elses Gedanken und Erinnerungen eine große
Rolle spielt, wiederholt sich in ähnlicher Weise einige
Male in der Erzählung. Die Frage, warum Else diesen
»einzige[n], der mich wirklich gern hat« (57), nicht wie-
derlieben kann, findet in dieser Äußerung ebenfalls ihre
Antwort: Es ist seine Anständigkeit, auf die Else zwar mit
Respekt, aber eben nicht mit Zuneigung reagiert. Er ist ihr
»sympathisch, aber nicht mehr« (7). Diese Sympathien
hat er erworben, indem er »schöne Briefe« schreibt (22) und
überhaupt im Umgang mit ihr »immer schöne Worte [fin-
det]« (von ihm stammt die Bezeichnung »hochgemut« für
ihre seelische Befindlichkeit, ein Ausdruck, den Else durchaus für treffend hält, 6), er wird auch als jemand erwähnt,
der ihr jetzt in ihrer Not als Einziger seelisch beistehen
könnte (vgl. 18). Aber Else will mehr, und, obwohl sie sich
dabei als »verworfenes Geschöpf« (50) vorkommt, könnte
sie sich zwar eine Heirat mit ihm vorstellen, »wenn er
eleganter wäre« (6) und »wenn er Geld hätte« (20) – aber sie
könnte ihm, gerade weil er so anständig ist, nicht treu sein:
»Und dann käme ein Filou – und das Malheur wäre fertig«

(20). Freds Hauptmanko in ihren Augen ist seine Ah-
nungslosigkeit ihr gegenüber; er kennt sie einfach zu wenig und macht sich deshalb ein falsches Bild von ihr, indem er sie überschätzt (vgl. 7, 20). Es ist offensichtlich die
diffuse Einstellung Elses zur Sexualität, die es ihr unmöglich macht, Fred in der gleichen Weise zu lieben, wie er sie
liebt (vgl. dazu Kapitel 6: Interpretation). Trotz der Hoch-
achtung, die sie für ihn hegt, gehört er letztlich auch zu
den »Mördern«, die sie sterbend anklagt, an ihrem Tod
schuldig zu sein (77).

Paul. Eine weitere wichtige Nebenrolle spielt Paul, Elses
Cousin, ein junger Frauenarzt. Als Sohn der reichen Tante
gehört er der Schicht an, in der Else sich, als Eindringling,
nicht wohlfühlt. Er sieht gut aus »mit dem offenen Kra-
gen und dem Bösen-Jungen-Gesicht« (5; vgl. auch 25),
und er scheint Else durchaus zu gefallen, aber verlieben kann sie sich nicht in ihn, weil auch er zu »affektiert«
ist (5). Nichtsdestoweniger ist das Verhältnis zwischen
den beiden teilweise von Koketterie und erotischen Spannungen bestimmt, zumal er – im Gegensatz zu Fred –
durchaus gemerkt zu haben scheint, dass Else ein »Luder«
ist oder sein möchte (vgl. 38); so hätte sich Else bei einem
gemeinsamen Spaziergang durchaus gewünscht, er »hätt
schon etwas unternehmender sein dürfen«; sie fügt aber sofort hinzu: »Aber dann wäre es ihm übel ergangen« (10).
Wegen seiner Zurückhaltung bezeichnet sie ihn als
»schüchtern« und an anderer Stelle als »dumme[n] Bub,
aber lieb« (54). Pauls Mutter sowie die verheiratete Cissy,
die ein Verhältnis mit Paul hat, betrachten Else dennoch als
gefährliche Rivalin. Größtenteils aber nimmt Paul die Rolle
des brüderlichen Freundes ein; Else wünscht sich ihn als Be-

schützer: Er könne vielleicht zu ihrem Treffen mit Dorsday als ›Sittenwächter‹ mitkommen, oder sie ist sogar überzeugt, dass Paul, sollte sie ihm »die Sache« erzählen, Dorsday zum Duell herausfordern (42; vgl. auch 37: »Paul soll ihn fordern und totschießen«) oder jedenfalls ohrfeigen würde (vgl. 55). Wenn Paul der erste sein sollte, der Else nackt sieht, wäre ihr das durchaus recht: Dieses ›Vorrecht‹ räumt sie ihm allerdings wohl nur deshalb ein, weil er in sexueller Hinsicht für sie keine Herausforderung darstellt – da wäre der »Römerkopf« schon eine größere Gefahr (vgl. 59). Pauls freundschaftliche Fürsorge Else gegenüber zeigt sich erneut am Ende. Er verhält sich ärztlich neutral und besonnen; das Verhalten seiner Mutter sowie Cissys ist ihm offensichtlich unangenehm. Brüderlich kümmert er sich um Else, »das arme Kind« (78).

Rudi (Elses Bruder). An ihrem fünf Jahre älteren Bruder kann Else sich nicht moralisch aufrichten. Zwar hat sie sich in ihrer frühen Jugend gut mit ihm verstanden, seit dieser aber mit seinen »Liebeshändeln« (vgl. 11) angefangen und seitdem wechselnde Frauenbekanntschaften mit »Choristin[nen]« oder »Handschuhmädel[n]« gehabt hat, ist ihr Verhältnis abgekühlt, obwohl sie einräumt, dass er »gescheit« genug sei, keine »davon zu heiraten« (10 f.). Rudi wird wohl eine Anstellung bei einer holländischen Bank annehmen, und die wesentlich jüngere Schwester sagt in einer fast mütterlichen Anwandlung, dies werde »gut für ihn sein«, Rudi sei »ja ein netter eleganter Kerl, aber mit einundzwanzig hat er mehr versprochen« (23). Sie wünscht sich ihn im späteren Verlauf der Erzählung als Beschützer – er solle, falls Paul dies nicht übernehme, Dorsday zum Duell fordern und damit Elses Ehre retten –, aber dies ist nur ein flüchtiger Gedanke; der Bruder, als typischer Vertreter der leichtsinnigen Wiener Lebensart, wäre mit dieser Rolle sicherlich überfordert.

Cissy. Als verheiratete Frau, die einen Geliebten hat und gleichzeitig ihr Kind vernachlässigt, ist Cissy für Else eher Gegenstand der Verachtung als des Neides: »Nichts auf der Welt ist mir gleichgültiger« (5). Es besteht in Bezug auf Paul ein Konkurrenzverhältnis; dieses scheint Cissy im Verlauf der Handlung jedoch wesentlich stärker zu beschäftigen als Else selbst. Else, die Paul nicht begehrt, gewinnt mehr und mehr die Überhand; sie weiß, dass sie hübscher ist als Cissy und dass diese sich darüber ärgert (vgl. 24, 72 u. ö.). Auch Cissy verhält sich affektiert; darauf verweist Elses Aussage: »Warum lacht sie so blitzdumm?« (23).

Cissys Misstrauen und ihre Eifersucht zeigen sich sehr deutlich am Ende der Novelle. Sie küsst Paul, als dieser sich noch darauf konzentriert, Else ärztlichen Beistand zu leisten, nur um festzustellen, dass diese tatsächlich bewusstlos ist, weil sie annimmt, Else wäre ihr ansonsten »unbedingt an die Kehle gesprungen« (76). Schon zuvor hat sie, offensichtlich neiderfüllt, unterstellt, Else habe den ganzen Anfall und ihre Ohnmacht nur inszeniert (womit sie vielleicht auch Recht hat). Sie will sich jetzt nicht zurückhalten, denn Else habe sich vorher »auch nicht geniert« (79). Cissy vertritt den Typ leichtfertiger und triebhafter Frauen, die außerstande sind, sich in die komplizierte Gefühlsstruktur Elses einzufühlen. Insofern gehört auch sie zu den »Mördern« Elses (vgl. 77).

Emma (Elses Tante). Es ist bezeichnend, dass Else trotz der finanziellen Notlage, in der der Vater sich befindet, sich nicht an die reiche Schwester der Mutter wenden soll: »da könnte man ebensogut zu einem Stein reden« (14). Darf man zunächst noch Verständnis dafür aufbringen, dass die Tante ihrem leichtsinnigen Schwager kein Geld leihen will, so wird doch recht bald deutlich, wie lieblos die reiche Verwandte mit ihrer verarmten Nichte umgeht. Wie Cissy verdächtigt sie Else, es auf Paul abgesehen zu haben. Bei ihrem Vorhaben, sich der Abendgesellschaft nackt zu zeigen, gibt sich Else deshalb alle Mühe, die misstrauische Tante vorher nichts merken zu lassen (vgl. 66 f.). Nach der Tat, die einen für Emmas Reputation schädlichen »Skandal« hervorruft (»Du wirst sehen, es kommt in die Zeitung!«, 75), ist sie geradezu eifrig und herzlos bemüht, sich Elses zu entledigen: Sie will sie wegen offensichtlichen Irrsinns in eine »Anstalt« stecken (73 f.), ihr eine »Wärterin« zuteilen (75) und sich natürlich mit »dieser Person« (74) nicht mehr zusammen in der Öffentlichkeit zeigen. Es ist insofern nicht überraschend, dass Elses Urteil über sie vernichtend ausfällt; zweimal sagt sie: »Sie soll zum Teufel gehen« (74 und 75).

4. Die Struktur des Werks

Die Geschichte wird – ohne Kapiteleinteilungen – in einem Zug erzählt. Gegenstand des Erzählten sind Elses Gedanken, Empfindungen, Erinnerungen und Reaktionen; nur selten kommen andere Personen in direkter Rede zu Wort. Diese Darstellungsform wird in der Literaturwissenschaft als »Innerer Monolog« bezeichnet.[6] Schnitzler gilt als der Schriftsteller, der den »Inneren Monolog« in die deutsche Literatur zwar nicht eingeführt, aber zur bewunderten Kunstform gemacht hat: Seine Erzählung *Lieutenant Gustl* (1901) setzte hier die Maßstäbe. Indem er in *Fräulein Else* noch einmal diese Technik verwendet, nutzt er die sich daraus ergebenden erzähltechnischen Vorteile. Die Handlung, die ohne Unterbrechung abläuft, wird ausschließlich und undistanziert von Else bestimmt; es fehlt also jede Art von (neutralem oder auktorialem) Erzähler. Der Leser nimmt unmittelbar an ihren inneren Vorgängen teil und vermag sich deshalb völlig mit der Protagonistin zu identifizieren. Somit findet eine starke Leserlenkung statt: Die Erzählung wird, infolge der Einblicke in Elses Seelenleben, ihre zwiespältigen und teilweise widersprüchlichen, aber immer ehrlichen Gedanken, wohl kaum einen Leser kalt lassen, gleichgültig, ob er mitfühlend oder kopfschüttelnd auf sie reagiert.

Darstellungs-form: der »Innere Monolog«

Die Wiedergabe dieser inneren Vorgänge geschieht in einem fortlaufenden Bewusstseinsstrom (»stream of consciousness«). Damit bezeichnet man in der Literaturwissenschaft die meist assoziative, sprunghafte Erzählweise: Durch ein

»Stream of consciousness«

Wort, ein Erlebnis, eine Erinnerung werden wiederum andere Bewusstseinsinhalte assoziativ erzeugt und folgen oftmals unvermittelt aufeinander.[7] Ein Beispiel kann dies verdeutlichen:

Am Anfang der Erzählung befindet sich Else, nach dem Tennismatch, in Erwartung des Expressbriefes. Kurz vor dem Abendessen begegnet sie Cissys kleiner Tochter und unterhält sich kurz auf Französisch mit deren Bonne (Kindermädchen). Nach der Verabschiedung geht es im Text wie folgt weiter:

»Eine hübsche Person. Warum ist sie eigentlich Bonne? Noch dazu bei Cissy. Ein bitteres Los. Ach Gott, kann mir auch noch blühen. Nein, ich wüßte mir jedenfalls was Besseres. Besseres? – Köstlicher Abend. ›Die Luft ist wie Champagner‹, sagte gestern Doktor Wallberg. Vorgestern hat es auch einer gesagt. – Warum die Leute bei dem wundervollen Wetter in der Halle sitzen? Unbegreiflich. Oder wartet jeder auf einen Expreßbrief? Der Portier hat mich schon gesehen; – wenn ein Expreßbrief für mich da wäre, hätte er ihn sofort hergebracht. Also keiner da. Gott sei Dank. Ich werde mich noch ein bißl hinlegen vor dem Diner. Warum sagt Cissy ›Dinner‹? Dumme Affektation. Passen zusammen, Cissy und Paul. – Ach, wär der Brief lieber schon da. Am Ende kommt er während des ›Dinner‹. Und wenn er nicht kommt, habe ich eine unruhige Nacht. Auch die vorige Nacht hab ich so miserabel geschlafen. Freilich, es sind gerade diese Tage. Drum hab ich auch das Ziehen in den Beinen. Dritter September ist heute. Also wahrscheinlich am sechsten. Ich werde heute Veronal nehmen. O, ich werde mich nicht daran gewöhnen. Nein, lieber Fred, du mußt nicht besorgt sein. In Gedanken bin ich immer per Du mit ihm. –« (8 f.).

Von dem Bedauern, das sie gegenüber der Bonne Cissys

empfindet, gehen ihre Gedanken weiter zu ihrem möglichen eigenen Schicksal, da sie ja wenig ›Nützliches‹ gelernt hat. Die fragende Wiederholung des Wortes »Besseres« verdeutlicht, dass sie sich ihres anfänglichen Standesdünkels bewusst wird und ihn, angesichts ihrer eigenen Situation, zurücknimmt. Dann kommt sie auf den Abend und die Witterung zu sprechen. Die Begriffe »köstlich« und »wundervoll« sowie das verwendete Zitat eines Hotelgastes, das leitmotivisch einige Male in der Erzählung wiederholt wird (zur Verwendung der Motive s. Kapitel 6: Interpretation), stehen im Widerspruch zu Elses innerer Anspannung; schließlich erwartet sie ja einen Expressbrief, der nichts Gutes zu verheißen scheint. Jedenfalls ist sie froh, dass der Portier ihr noch keinen Brief aushändigt. Sie möchte sich vor dem Abendessen, dem ›Diner‹, noch ein wenig hinlegen; bei dem Begriff ›Diner‹ geht ihr durch den Kopf, dass Cissy das Wort englisch, also »Dinner«, ausgesprochen hat; dies veranlasst sie, ein hartes Urteil über Cissy zu fällen: »Dumme Affektation« – darin sind die beiden Eigenschaften zusammengefasst, die ihr an den Mitmenschen am meisten missfallen. Fast alle erscheinen ihr als »dumm« (vgl. die entsprechenden Einzelcharakteristiken), und bei einigen kommt, wie bei Cissy, noch hinzu, dass sie sich »affektiert«, also unnatürlich, gekünstelt, geben. Dieses negative Urteil wird in einer einzigen kurzen Bemerkung auch auf Paul ausgedehnt, und man wird annehmen können, dass tatsächlich keine Eifersucht aus ihren Worten spricht, sondern eine eher nüchterne Einschätzung. Schon einen Moment später wünscht sie sich dann doch den Brief herbei; es wäre, wie sie andeutet, schon störend, wenn er ausgerechnet »während des ›Dinner‹« käme. Der wahre Grund dürfte sein, dass dann die quälende Unruhe ein Ende hätte. Mit den Anführungszeichen bei »Dinner« wird ironisch noch einmal Cissy ein Seitenhieb versetzt. – Wenn der Brief nicht kommt, wird sie eine unruhige Nacht haben. Wir erfahren, dass sie bereits in der vorigen Nacht »miserabel geschlafen« hat; sie steht, wie sie aus dem »Ziehen in den Beinen« erkennen kann, kurz vor der Menstruation, die sie in drei Tagen erwartet. Dieser Zustand ist mitschuldig an ihrer desolaten Gemütsverfassung.[8] Wir erfahren das Datum, das eine genaue Datierung des Geschehens ermöglicht (1896, s.o. Kapitel 2: Inhaltsangabe). Auch das Schlafmittel, dessen Dosierung im weiteren Verlauf der Erzählung eine große Rolle spielt, wird hier erwähnt; indem sie versichert, sie werde »sich nicht daran gewöhnen«, begibt sie sich in einen imaginären Dialog mit dem bereits zuvor erwähnten Fred, der sie offensichtlich vor Missbrauch gewarnt hat. Also klingen hier zwei weitere zentrale Motive an: das Motiv des Selbstmords sowie die Problematik der persönlichen Bindung. Es wird hier schon andeutungsweise sichtbar, dass besagter Fred trotz seiner Fürsorge nicht der Mann sein wird, an dem sie sich seelisch aufrichten könnte, weil sie sich viel zu wenig kennen (sie duzt ihn nur »in Gedanken«; vgl. auch 7,10 ff.).

Die Analyse zeigt, wie kunstvoll Schnitzler mit dem Instrument des »stream of consciousness« umzugehen versteht. Wir nehmen Anteil an Elses innerer Befindlichkeit und gleichzeitig werden Handlungssignale gegeben, die den Leser in Spannung halten. Die Sprunghaftigkeit des Stils verweist auf Elses Seelenlage, die weitgehend ihrem Charakter entspricht, hier aber noch, infolge der bevorstehenden Menstruation, durch einen nachvollziehbaren hohen Grad an Reizbarkeit und Unausgeglichenheit geprägt ist.

Die Spannung steigt bis zum Ende der Erzählung kontinuierlich an. Sie orientiert sich an der Frage, ob und wie Else mit der

Spannungskurve

für sie demütigenden Situation fertig wird. Ihre häufigen Versuche, von anderen – seien es die Hotelgäste oder aber Personen in ihrer Erinnerung – Hilfe zu erlangen, scheitern allesamt und stürzen sie immer weiter in die Einsamkeit und Mutlosigkeit. Ihr Entschluss, sich vor allen zu entblößen, ist für sie somit eine Verzweiflungs-, aber auch eine Befreiungstat. Die Wahrscheinlichkeit, dass sie das Veronal in einer Überdosis zu sich nimmt, wird immer größer. Die denkbare Möglichkeit, sich wie die anderen gedanken- und weitgehend charakterlos agierenden Mitmenschen, einschließlich ihrer nächsten Familienangehörigen, über sämtliche moralische Skrupel hinwegzusetzen und das Ganze als eine Art leichtfertiges Spiel anzusehen, scheidet für sie aus. Dies wird erzähltechnisch bereits im ersten Satz angedeutet, als sie die – vordergründig auf das Tennis bezogene – Frage Pauls: »Du willst wirklich nicht mehr weiterspielen, Else?« mit der Antwort verneint, sie könne »nicht mehr« (5). Damit ist der Verlauf des Geschehens vorgezeichnet.

Einen großen Raum nimmt in der Literaturwissenschaft die Frage nach dem Verhältnis von Erzählzeit (die Zeit, die der Erzähler benötigt, um die Ereignisse wiederzugeben) und erzählter Zeit (der Zeitraum, über den sich das erzählte Geschehen erstreckt) ein. Üblicherweise wird beim Erzählen Unwichtiges weggelassen, dann sprechen wir von Zeitraffung; Zeitdehnung findet sich z. B. bei der Wiedergabe von Empfindungen oder Einfällen, die ja üblicherweise wesentlich kürzer dauern als die Zeit, die man braucht, um sie zu erzählen. Bei direkter Rede haben wir es mit einer Zeitdeckung zu tun. Somit liegt bei *Fräulein Else* hauptsächlich Zeitdeckung mit Tendenzen zur Zeitdeh-

Erzählzeit und erzählte Zeit

nung vor: Die erzählte Zeit dauert ca. zwei bis drei Stunden, und so lange dürfte Else auch für die Wiedergabe ihres inneren Monologes benötigen.

Trotz des linearen Verlaufs der Handlung finden sich für Else zahlreiche Gelegenheiten, sowohl in die Vergangenheit zurückzublicken als auch Zukunftsperspektiven zu äußern. Dabei fällt auf, dass zwei Motive besonders häufig vorkommen: Die Erinnerungen Elses sind von Motiven dominiert, die Elses Schwierigkeiten im Umgang mit Männern zeigen; die Zukunft dagegen wird von Gedanken an den Tod beherrscht (s. Kapitel 6: Interpretation).

5. Wort- und Sacherläuterungen

Aufgrund des Monologcharakters der Novelle sind der Wortschatz und die Ausdrucksweise der Sprecherin stark vom mündlichen Sprachgebrauch bestimmt; somit ist die Dialektfärbung unverkennbar. Zudem spiegelt sich in Elses Sprechweise ihr Bildungsstand, der durchaus als der einer Tochter aus gutbürgerlichem Hause bezeichnet werden kann, auch wenn sie selbst die Qualität ihrer eigenen Ausbildung anzweifelt (vgl. 16,10 ff.: »Ich spiele Klavier, ich kann Französisch, Englisch, auch ein bißl Italienisch, habe kunstgeschichtliche Vorlesungen besucht – Haha!«). Gerade die zahlreichen literarischen und kunsthistorischen Anspielungen geben Schnitzler die Möglichkeit, indirekte Bezüge herzustellen, die für die Interpretation fruchtbar gemacht werden können.

Umfangreiche Wort- und Sacherklärungen finden sich in dem Band: Evelyne Polt-Heinzl: Erläuterungen und Dokumente: Arthur Schnitzler: *Fräulein Else*. Stuttgart 2002. (Reclams Universal-Bibliothek. 16023.) Auch die Reclam-Ausgabe, nach der in diesem Lektüreschlüssel zitiert wird, enthält zahlreiche Anmerkungen (S. 85–88); die folgenden Erläuterungen beschränken sich somit weitgehend auf Begriffe und Äußerungen, die für die Interpretation bedeutsam sind; außerdem werden fremdsprachliche Begriffe übersetzt.

5,7 **Single:** (engl.) Einzel. Im Tennissport, der damals noch als Freizeitveranstaltung gehobener Schichten galt, wurden lange Zeit die englischen Begriffe verwendet; vgl. auch 6,13 **Set:** Satz; 7,35 **Rakett** (auch Racket): Schläger.

5,20 Matador: (span.) Stierkämpfer; vgl. auch 44 f., 72, 79. Siehe auch Kapitel 6: Interpretation, S. 44 ff.

5,25 Rosetta: Die R. und der in 5,26 genannte **Cimone** gehören zur Pala-Gruppe, einem Bergmassiv in den Dolomiten.

6,19 f. [u. ö.] **hochgemut:** selten gebrauchtes Adjektiv für ›erfreut‹, ›zuversichtlich‹; von Schnitzler in der Novelle mehrfach spielerisch verwendet, um es von der Bedeutung ›hochmütig‹ abzugrenzen. Vgl. 20,3 u. ö. sowie Lektüreschlüssel, S. 25.

7,7 Snob: (engl.) jemand, der sich durch sein extravagantes Benehmen von der breiten Masse abzuheben versucht.

8,3 f. enragierter: (veraltet) verbissener, leidenschaftlicher.

8,24 Fräulein: (hier:) Kindermädchen.

8,25–31 Bon soir … Mademoiselle: (frz.) Else wendet hier ihre Französischkenntnisse an, die aber nicht über ein paar Floskeln hinausgehen: »Guten Abend, Fräulein. Geht es Ihnen gut?« Das Kindermädchen antwortet: »Danke, Fräulein. Und Ihnen?« – Verabschiedung: »Bis bald, Fräulein.«

8,32 Bonne: (frz.) Kindermädchen. Vgl. auch 54,23 f.

9,16 Veronal: Markenname für Barbital, ein hypnotisch wirkendes Schlafmittel, das bei unsachgemäßer Dosierung leicht zum Tode führt. Else beabsichtigt die Einnahme von V. wegen der sich ankündigenden Menstruationsbeschwerden. Vgl. 9,14: »Es sind gerade diese Tage.«

9,31 Marchesa: (ital.) Gräfin.

10,3 Buona sera: (ital.) Guten Abend.

10,10 Filou: (frz.) Gauner; meist eher anerkennend gemeint. Vgl. 20,26 ff.

11,8 San Martino: San Martino di Castrozza, beliebter Sommerfrischeort im Pala-Massiv.

11,9 Hotel Fratazza: heute noch existierendes Hotel in San Martino.

11,21 Ferialwochen: (österr.) Ferienwochen.

12,13 Revers: schriftliche Verpflichtung.

13,34 Rancune: (frz.) Ranküne; heimliche Feindschaft, Groll.

14,1 Mündelgelder: Gelder von Minderjährigen, die ein Vormund wertbeständig und verzinslich anzulegen hat.

17,10 Kriminal: (österr.) Gefängnis.

17,16 f. Toilette de circonstance: (frz.) dem Anlass gemäße Kleidung.

18,14 Defraudanten: jemand, der Unterschlagungen begeht.

19,10 f. Pudding à la merveille ...: (frz.) ausgezeichneter Pudding, Käse und verschiedene Früchte.

20,30 Vicomte: französischer Adeliger.

21,20 Vervaine: ein Parfum.

22,11 ›Notre Cœur‹: (frz.) *Unser Herz*. Titel eines Romans von Guy de Maupassant (1850–93).

34,12 »Je vous désire«: (frz.) Ich begehre Sie. Else hält den Satz nicht nur wegen des Inhalts für affektiert, da Dorsdays Adel nur gekauft ist: »Er hätte es auch deutsch sagen können, der Herr Vicomte«.

40,10 Bakkarat: (frz.) Kartenglücksspiel.

42,27 Table d'hôtes: (frz.) Gästetafel.

48,27 Flakons: (frz.) Parfümfläschchen.

54,32 Plafond: (frz.) Zimmerdecke.

66,16 Schumann? Ja, Karneval: Gemeint ist der Klavierzyklus op. 9 *Carnaval* von Robert Sch. (1810–1856).

67,20 Sukkurs: (veraltet) Unterstützung, Hilfe.

67,33 Whist: (engl.) Kartenspiel.

69,18 Fauteuil: (frz., veraltet) Armsessel.

74,2 **Coupé:** (frz.) Zugabteil.

75,6 **Gardedame:** (frz.) hier ironisch: Anstandsdame, Aufpasserin.

80,10 **Enchanté:** (frz., im Gespräch) sehr erfreut.

80,12 **Ringelspiel:** (österr.) Karussell.

6. Interpretation

Zum Titel

Da der Begriff »Fräulein« im 19./20. Jahrhundert nicht nur als Bezeichnung für ein unverheiratetes Mädchen, sondern auch als Charakterisierung des gesellschaftlichen Status verwendet wurde, drückt der Titel eine gewisse Distanz aus, die zwischen der Protagonistin und ihrer Umwelt besteht, und die größer ist, als wenn der Autor lediglich den Vornamen oder den Vor- und einen Nachnamen gewählt hätte. Dieses Stilmittel der sozialen Differenzierung, das Schnitzler des öfteren verwendet hat (vgl. *Frau Berta Garlan*), wurde auch von anderen Autoren genutzt; man denke etwa an Flauberts *Madame Bovary*, Theodor Fontanes *Frau Jenny Treibel* oder Thomas Manns *Der kleine Herr Friedemann*.

Hinweis auf den sozialen Status Elses im Titel

Formale Aspekte

In der Strukturanalyse (Kapitel 4) ist das auffälligste formale Element des Textes, der »Innere Monolog«, bereits thematisiert worden. Ergänzend soll vermerkt werden, dass dieser Erzählstil Elses Geschichte einen hohen Grad an Realitätsnähe verleiht. Dazu tragen mehrere Faktoren bei:

- Die Dialektfärbung: Elses Sprache ist hochdeutsch, aber gelegentlich finden sich bei ihr österreichische Dialekteinsprengsel: »ein bißl« (9, 58), »schad« (7 u. ö.), »ich hab« (10 u. ö.), sowie

Dialekt

syntaktische Formen, die in Österreich üblich sind: »Aber die nächsten [Gulden], um die [statt: für die] kaufe ich mir neue Nachthemden ...« (56). Auch die Personen um sie herum verwenden den gleichen Sprachduktus, sofern sie derselben Gesellschaftsschicht wie Else angehören; Schnitzler nutzt allerdings hier die Gelegenheit, durch sprachliche Differenzierung soziale Unterschiede anzudeuten; so sprechen etwa die Hotelangestellten einen stärker ausgeprägten Dialekt: »Aber mir sein das g'wohnt [wir sind das gewöhnt], Herr Doktor« (73).

• Schnitzlers Meisterschaft in der Verwendung sprachlicher Andeutungen zeigt sich auch in dieser Novelle. Als Beispiel mag das Spiel mit der Schreibweise des Wortes »Diner«/»Dinner« dienen. Üblich war in jener Zeit die Verwendung des Wortes »Diner«, das auch französisch ausgesprochen wurde. Die – beispielsweise von Cissy – verwendete englische Aussprache (vgl. 5, 9, 24) wird von Else als »affektiert« wahrgenommen und dient somit als Charakterisierungsmöglichkeit. Wenn Cissy dann doch wieder »Diner« sagt, merkt Else dazu an: »Nicht einmal konsequent ist sie« (24). Hinzu kommt ein vieldeutiges Spielen mit der Setzung von Anführungsstrichen (vgl. 20, 23, 44).

Sprachliche Andeutungen

• Die Syntax des Textes weist, dem assoziativen mündlichen Stil gemäß, zahlreiche Wiederholungen, Satzbrüche und Ellipsen auf. Die syntaktischen Wiederholungen geben Elses Sprache eine unerhörte Intensität und Dringlichkeit. Auch hierfür ein Beispiel: »Ich bin ja ein junges Mädchen. Bin ein anständiges junges Mädchen aus guter Familie. Bin ja keine Dirne ... Ich will fort. [...] Sie haben sich geirrt, Herr von Dorsday, ich bin keine Dirne. Adieu, adieu! ...« (69). Dieser

Assoziativer Stil

Textausschnitt spiegelt Elses Abscheu wider, sich nackt zeigen zu sollen, obwohl sie schon im Musikzimmer steht und kurz davor ist, ihr Vorhaben in die Tat umzusetzen. Noch einmal ruft sie sich ihre Jugend und Unschuld in Erinnerung, weiß aber, dass sie dem Akt der Prostitution nicht entgehen kann. Statt wieder nach oben zu gehen, wie sie kurzzeitig vorhat, genießt sie für einen Augenblick angesichts des zu ihrer Freude anwesenden »Römerkopfes« ihre Nacktheit und wird sich ihres widersprüchlichen Verhaltens offensichtlich nicht bewusst. Das gleiche Stilmittel der Wiederholung findet sich kurz darauf: »Sein [Dorsdays] Auge spricht zu mir: komm! Sein Auge spricht: ich will dich nackt sehen.« Die Wiederholung macht die Bedrohung, die von Dorsday ausgeht, noch intensiver.

• Es finden sich auch einige vielsagende und zweideutige Wortspiele im Text. In ihrem Wachtraum, sie sei ertrunken und liege auf einer Bahre, stellt Else sich die Fragen der anderen Badegäste vor, die sie nicht mehr sehen können: »Wo ist sie denn? Fort ist sie. Man hat sie davongetragen. Man hat sie unterschlagen. Darum ist der Papa im Zuchthaus« (44). Von der abstrusen Vorstellung, man habe Elses Leichnam versteckt, leiten ihre Gedanken infolge des verwendeten Begriffs »unterschlagen« sofort zu ihrem Vater über, der sich ja des Vergehens der Unterschlagung schuldig gemacht hat. – An späterer Stelle heißt es, als Else eigentlich im Zimmer bleiben möchte, aber weiß, dass sie zu Dorsday muss: »Aber ich muß ja hinunter. Tief hinunter. Herr Dorsday wartet« (56). Mit der Verstärkung »tief hinunter« wird neben der räumlichen auch die moralische Dimension angedeutet. Den gleichen Doppelsinn enthält das nächste Beispiel: Else stellt sich vor, die Bahre, auf die sie im Musikzimmer gelegt wird, sei

Wortspiele

dieselbe wie die, auf der neulich ein verunglückter Bergwanderer gelegen hat, und sagt: »Und jetzt werde ich auf der Bahre liegen. Ich bin auch abgestürzt« (72).

Metaphern und Motive

Tageszeit und Wetter

Seit dem Tennisspiel sind einige wenige Stunden an diesem »köstliche[n] Abend« (9) vergangen. Es ist in der Zwischenzeit nicht nur dunkel, sondern auch »kühl« (54 u. ö.) geworden. Die Wettermetaphorik begleitet Elses schicksalhafte letzte Stunden – ein Stilmittel, das sich bei Schnitzler häufig findet.[9] Es lohnt sich, näher hinzuschauen. Die anfängliche Situation, der »rote Glanz« auf dem Cimone, ein Vorbote des »Alpenglühens«, wird von Else zwiespältig aufgenommen: »Es ist zum Weinen schön« (7). Der Genuss wird also unterlegt mit einem Hauch Melancholie. Als sie den Brief der Mutter ausgehändigt bekommt, »ist es richtig ein Alpenglühen geworden« (10); wenig später hat sie den Brief gelesen und sagt: »Aus ist es mit dem Alpenglühen. Der Abend ist nicht mehr wunderbar. Traurig ist die Gegend« (16). Als Leitmotiv dient auch der Ausdruck, die Luft sei wie Champagner. Zunächst wird dieser Satz als Bemerkung zweier versnobter Hotelgäste – also in Anführungszeichen – wiedergegeben (9), dann macht Else, die ja selbst eine Neigung zum Snobismus eingesteht (vgl. 7), ihn sich zu eigen (17); später – als es schon »beinah dunkel. Nacht. Grabesnacht« ist – begründet sie ihr Unwohlsein damit: »Fieber habe ich. Vielleicht von der Luft. Wie Champagner« (18). Dann wieder genießt sie die ländli-

> Zusammenhang zwischen Wetter und Stimmung

che Luft; sie scheint nicht zu merken, dass Champagner und ländliche Idylle unüberbrückbare Gegensätze sind und offenbart somit wieder einen für sie typischen Charakterzug: ihre Widersprüchlichkeit und Sprunghaftigkeit. Diese zeigt sich auch darin, dass sie einerseits Dorsday auffordert, gerade jenen Satz nicht zu wiederholen (während dieses Gesprächs ist es »gar nicht so kühl«, es ist ja noch »fast eine Stunde« bis zum Diner, 26), ihn selbst aber andererseits sofort danach selbst in die Konversation einwirft und ihn auch später für sich benutzt (vgl. 37 und 42), auch hier jeweils verbunden mit Hinweisen zur Dunkelheit und Abendkühle sowie ihrer zunehmend verzweifelteren Stimmung.

Der anfangs noch im »Alpenglühen« erstrahlende Berg wird aufgrund seiner zunehmenden Schwärze und seiner riesenhaften Gestalt immer unheimlicher (vgl. 21, 42). Dies gilt auch für das Hotel, das ihr jetzt in der Dunkelheit wie eine »ungeheure beleuchtete Zauberburg« (47) vorkommt. All diese äußeren Faktoren tragen dazu bei, dass Else in eine unwirkliche Stimmung versetzt wird. (Zu den psychoanalytischen Deutungsmöglichkeiten dieser Metapher vgl. unten.)

»Matador« und »Filou«

Eine leitmotivische Funktion haben auch die beiden Begriffe »Matador« und »Filou«. Der Cousin Paul sei, heißt es am Anfang – bezogen auf das Tennisspiel, also im Rahmen der Sportmetaphorik – »nicht gerade ein Matador« (5). In Elses späterem Wachtraum gewinnt der Begriff in ihrem Ausruf: »Öffnen Sie das Tor, Herr Matador« (44) eine weitere Bedeutung: Diese Aufforderung, die einerseits an das Adventlied »Macht hoch die Tür…« erinnert, also an Kindheit und Geborgenheit denken lässt, enthält

Leitmotivische Funktion der beiden Begriffe

andererseits durch die Verwendung des aggressiven Begriffs des Matadors eine möglicherweise sexuell zu deutende Aussage. Denn Else legt diese Deutung selbst nahe, als sie, wieder im wachen Zustand, darüber nachdenkt, was dies wohl für ein Matador im Traum gewesen sei, und die Vermutung hegt, es handle sich vielleicht um einen anonymen Liebhaber (vgl. 45 und 48). – Der Satz wird dann fast wörtlich wiederholt, und zwar zweimal: »Mach auf das Tor, Herr Matador!« (72 und 79). Auch hier ist Else nicht bei klarem Bewusstsein, jetzt allerdings aufgrund ihres Zusammenbruchs und der Einnahme des Veronal; somit verschmelzen erotische Anspielungen mit der Todessehnsucht: Mit dem Tor könnte jetzt der Übergang in ein (besseres) Jenseits gemeint sein.[10]

Auch der Begriff »Filou« wird mehrere Male in unterschiedlichen Situationen und Bedeutungen verwendet. Die eigentlich negative Bedeutung (›Gauner‹, ›Lebemann‹) ist gemeint, wenn Paul, offensichtlich in eifersüchtiger Abwehr, den schönen italienischen Hotelgast, den »Römerkopf«, mit diesem Begriff versieht, und Else fügt für sich hinzu: »Ach Gott, ich hab nichts gegen Filous, im Gegenteil« (10). Dies bekräftigt sie wenig später: »Die Filous sind mir gefährlich« (20). Ihrer antibürgerlichen und unmoralischen Neigung ist sie sich also durchaus bewusst, aber sie steht dazu – und deshalb kommt der biedere Fred, gerade weil er »kein Filou« ist, für sie genauso wenig als Partner in Frage wie der »verlebte« Don Juan Dorsday, obwohl der gerne ein »Filou« sein möchte (20). Im weiteren Verlauf wird der Begriff jeweils auf den »Römerkopf« bezogen (39, 49, 69, 71, 73, 79): Dieser ist zunächst lediglich als Traumfigur präsent, für den sie sich sogar umbringen könnte (vgl. 43); am Schluss ist er jedoch wieder physisch anwesend und wird von Else geradezu jubelnd begrüßt: »Mein Bräutigam, mein Geliebter« (69). Selbst in ihrem einer Ohnmacht ähnlichen Zustand registriert sie sehr wohl, ob er noch anwesend ist. Sie möchte nun, als es zu spät ist, weiterleben, möchte Ausflüge machen (»der Filou soll mitkommen«, 79), und es scheint kein Zufall, dass jetzt, in ihrer Imagination, der erträumte Liebhaber mit dem Matador verschmilzt.

Soziale Determinanten

Analyse und Kritik der Gesellschaft um die Jahrhundertwende

»Ihr habt mich dazu gemacht. Ihr alle seid schuld, daß ich so geworden bin« (47). Wozu haben »alle« – die Eltern insbesondere, aber auch der Bruder sowie Fred – Else gemacht? Die Antwort gibt sie selbst: zu einer einsamen, unverstandenen Person. Schnitzler liefert mit *Fräulein Else* nicht nur ein scharfsichtiges Charakterbild, sondern auch eine dekuvrierende Analyse der Gesellschaft um die Jahrhundertwende. Die Erziehung war oberflächlich und im Grunde ohne Liebe (»ein bißchen Zärtlichkeit, wenn man hübsch aussieht, und ein bißl Besorgtheit, wenn man Fieber hat«, heißt es im Text, 47); lediglich der Vater habe hin und wieder eine »Ahnung« davon gehabt, was in ihr vorgehe und was in ihr »wühlt und Angst hat« (47), aber schon bald hätten egoistische Gründe eine innigere Zuwendung verhindert. Moralische Grundwerte, wie z. B. eheliche Treue oder Ehrlichkeit, wurden allenfalls gepredigt, aber nicht eingehalten, ohne dass die handelnden Personen dabei ein schlechtes Gewissen zu haben schienen. Somit hat Else, als sie

Elses Narzissmus

in seelische Not gerät, kein festes moralisches Fundament, an dem sie sich aus- und aufrichten könnte. Die Erkenntnis äußert sich in doppelter

Weise: in Verachtung gegenüber den anderen sowie in einer geradezu narzisstischen Konzentration auf sich selbst.

Die Verachtung zeigt sich insbesondere darin, dass sie fast alle Mitmenschen für »dumm« hält (26 u. ö.), einschließlich der ihr nahestehenden Personen. Von der Hotelgesellschaft spricht sie gelegentlich sogar abfällig als von dem »Gesindel« (22), obwohl sie weiß, dass sie selbst dazu gehört und dass sie, als Tochter eines »Defraudanten«, eigentlich keine Veranlassung haben sollte, sich über die anderen zu erheben. Aber sie will sich nicht mit ihnen gemein machen: »Was gehen mich die Leute an?« (58). Da ihr Wunsch ein »anständiges junges Mädchen« zu sein aufgrund der Lebensumstände unerfüllt bleibt (»so wird man«, sagt sie einmal lakonisch, als sie sich selbst »gemein« vorkommt, 30), zieht sie für sich den Schluss, es sei das beste, ihre Familie stürbe aus (vgl. 50).

Auch die Lebensentwürfe erscheinen ihr allesamt wenig verheißend (vgl. 20 und oben, Charakterisierung Else, S. 15 f.). Die Mutter ist nur darauf aus, die Tochter an einen reichen Mann zu verkuppeln. Die Aussicht, ein Leben als Telefonistin oder Kindermädchen zu führen, kann sie ebenso wenig begeistern. Die meist sexuell betonten Annäherungen der Männer sind ihr »zuwider« (32). Es ist ihr »alles gleich ekelhaft« (51). Da sie niemanden hat, mit dem sie sich aussprechen kann oder will – selbst der wohlmeinende Fred ist ihr zu anständig, d. h. wohl: zu langweilig –, wird sie sich immer wieder ihres Alleinseins bewusst: »Ich bin ja ganz allein. Ich bin ja so furchtbar allein, wie es sich niemand vorstellen kann« (22). In dieser Situation weiß sie sich nur dadurch zu helfen, dass sie sich auf sich selbst konzentriert. Sie weiß sich in ihrer Schönheit und Intelligenz den anderen überlegen, und je aussichtsloser ihre Situation wird, desto mehr beginnt sie, diese Differenz zu schätzen. »Es gibt vielleicht gar keine anderen Menschen. Es gibt Telegramme und Hotels und Berge und Bahnhöfe und Wälder, aber Menschen gibt es nicht« (60). Die Konsequenz dieser Isolation ist eine Selbstverliebtheit, der sie sich durchaus bewusst ist: »Leb wohl, mein heißgeliebtes Spiegelbild« (62 f.) sagt sie, als sie nackt, nur von ihrem Mantel umhüllt, zu dem »Gesindel« in die Hotelhalle hinabsteigt.

Eros und Thanatos

Das für die Interpretation der Erzählung bedeutsamste Motiv ist die Sexualität. Wenn Else, die »Jungfrau«, sich fragt: »Wer wird der erste sein?« (59), dann ist dies eindeutig sexuell gemeint. Ihre Erfahrungen sind – zumindest scheint es vordergründig so – auf Vorstellungen und Fantasien beschränkt – und diese verraten nicht nur Neugier und Vorfreude, sondern überwiegend irrationale bange Empfindungen, geradezu Angst. Eine problemfreie Liebesbeziehung kann sie sich nicht vorstellen und verstrickt sich deshalb bei ihren Zukunftsvisionen in ständige Widersprüche. Die ›große Liebe‹ hat sie selbst noch nicht erlebt, sie glaubt sogar, sich nicht verlieben zu können (vgl. 6); ihre bisherigen Erlebnisse und Bekanntschaften sind von negativen Eindrücken überschattet, die in ihr Ablehnung oder sogar Ekel auslösen: ob es nun der Lebemann Dorsday ist, der dem jungen dreizehnjährigen »Fräulein« anzüglich die Wangen streichelt (vgl. 13), oder überhaupt wenn die Stimmen der Männer zu »klingen« (32 u. ö.) beginnen. (Mit diesem Begriff meint sie offensichtlich sexuell zu konnotierende Anspielungen der Männer; auch der grundanständige Fred bildet hier keine Ausnahme.[11]) Da ihre eigene Moralität brüchig ist und aufgrund der scheinheiligen und verloge-

Gestörtes Verhältnis zur Sexualität

nen Umwelt nirgends Halt findet, liefert sie sich oftmals amoralischen Gedanken aus: wenn sie etwa davon träumt, als verheiratete Frau später einmal »tausend Geliebte« (22) zu haben.

> Amoralische
> Gedanken

Dennoch möchte sie »ein anständiges junges Mädchen aus guter Familie« sein, das sich vehement gegen das Ansinnen der Eltern stemmt, sich prostituieren zu sollen: »Bin ja keine Dirne …« (69). Es schmerzt sie zutiefst, dass ihre eigenen Eltern anzunehmen scheinen, sie, die gehorsame Tochter, werde ihnen diesen »Liebesdienst« (13) gerne erweisen, ja, diese hätten sie »doch nur daraufhin erzogen, daß ich mich verkaufe« (46). Noch bevor sie mit Dorsday über die finanziellen Probleme ihres Vaters gesprochen hat, weiß sie, dass dieser seine Hilfe nur für eine Gegenleistung erweisen wird: »… ich habe sie [die dreißigtausend Gulden] noch nicht. Ich muß sie mir erst verdienen« (45). Da sie sich verraten fühlt und sich als willenlose »Sklavin«, die auf Geheiß Dorsdays zu tanzen hat (vgl. 47), vorkommen muss, sieht sie in ihrem Tod nicht nur einen Ausweg für sich selbst, sondern auch eine gerechte Strafe für alle, die ihr das angetan haben.

Auf dem Höhepunkt der Geschichte, der Enthüllungsszene im Musikzimmer, kehren all diese Gedanken wieder: der Widerstreit von »anständigem jungen Mädchen« und »Dirne«, die Bereitschaft, sich einem »Filou« hemmungslos hinzugeben (»mein Bräutigam, mein Geliebter«), die Abscheu vor Dorsday (»ich bin nicht Ihre Sklavin«) und das Gefühl, wie »wundervoll« es doch sei, »nackt zu sein« (69). Dass dies zu den Klängen von Schumanns *Carnaval* geschieht, rückt die Szenerie in die Nähe des Freizügigen und Ausgelassenen und verweist auf das »Maskenhafte, Komödiantisch-Verlogene des gesellschaftlichen Umgangs«[12], zugleich aber wird – da »Karneval« wörtlich ›Abschied vom Fleisch‹ bedeutet – das Ende dieses ganzen bunten Treibens unübersehbar verdeutlicht.

Elses Freitod kommt nicht unvorbereitet. Einige Male stellt sie sich vor, tot zu sein – und damit ihre Umwelt in Ratlosigkeit und Irritation zu versetzen, vielleicht auch in Reue. Es fällt auf, dass diese Vorstellungen ihr sogar Vergnügen bereiten: »O, wie schön wäre das tot zu sein« (43). Sie glaubt, Selbstmord liege in ihrer Familie (vgl. 50 f.) und stellt makabre Überlegungen an, was und wem sie ihre geringe Habe nach ihrem Tod vermachen will (vgl. 51 f.). Sie behauptet, ihren Tod nicht als Verzweiflungstat anzusehen, denn sie wisse »schon lange, daß es so mit mir enden wird« (50) und sie wolle Dorsday – oder überhaupt der Gesellschaft – nicht den zweifelhaften Triumph gönnen, sie in den Tod getrieben zu haben. Allerdings werden solche Überlegungen immer wieder durch Äußerungen des Lebenswillens abgelöst sowie durch die resignative Erkenntnis, »viel zu feig« zu sein (52). Letztlich ist aber die Vorstellung, einen effektvollen Auftritt zu inszenieren und danach auf schmerzfreie Weise aus dem Leben zu scheiden und somit alles Quälende hinter sich zu lassen, so verführerisch, dass sie ihr nicht widerstehen kann.

Einstellung gegenüber dem Tod

Schnitzler variiert hier ein Thema, das durch die Psychoanalyse zu einem Grundbestand der abendländischen Kulturphilosophie geworden ist: die Zusammengehörigkeit von Lebens- und Todestrieb, Eros und Thanatos. In seiner Schrift *Jenseits des Lustprinzips* (1920) definiert der Begründer der Psychoanalyse, Sigmund Freud, den Eros als Tendenz der Bewahrung und der Fortführung des Lebens

Einfluss der Psychoanalyse

(die Sexualität wird hier verstanden als Prinzip der Vereinigung); dem steht der Todestrieb als das Prinzip der Destruktion des Lebenden und der Rückkehr zu einem anorganischen Zustand der absoluten Ruhe gegenüber.[13] Schnitzler, dessen Biographie sich in vielfacher Weise mit der Freuds deckt (beide pflegten einen von gegenseitigem Respekt geprägten Umgang miteinander), kam gleichzeitig und teilweise unabhängig von Freud zu ähnlichen Erkenntnissen, insbesondere in Bezug auf die Traumdeutung.[14] Es lässt sich vielfach aufzeigen, dass Elses Gedanken und Handlungen von ihrem Unbewussten gesteuert werden. Schnitzler hat durch den assoziativen Stil des »Inneren Monologs« eine vorzügliche Möglichkeit gefunden, die Abhängigkeit von inneren Vorgängen in Elses Denken und Tun aufzuzeigen. Auch hierfür ein Beispiel: Als Else das Telegramm, in dem die Erhöhung der fraglichen Summe auf fünfzigtausend Gulden angekündigt wird, erhält, schwankt sie zwischen Hoffen und Bangen: Als erstes kommt ihr in den Sinn, ihr Vater habe sich umgebracht, und sie sagt sich: »Wenn der Papa tot ist, dann ist ja alles in Ordnung« – für sie, denn sie muss dann nicht mehr »mit Herrn von Dorsday auf die Wiese gehen«. Sofort aber wird ihr das

> *Gewünschter Tod des Vaters*

Ungeheuerliche dieses Wunsches bewusst, und die anerzogenen bürgerlichen Empfindungen obsiegen, religiös verbrämt: »O, ich elende Person. Lieber Gott, mach, daß in der Depesche nichts Böses steht. Lieber Gott, mach, daß der Papa lebt. Verhaftet meinetwegen, nur nicht tot. Wenn nichts Böses drin steht, dann will ich ein Opfer bringen. Ich werde Bonne, ich nehme eine Stellung in einem Bureau an. Sei nicht tot, Papa. Ich bin ja bereit. Ich tue alles, was du willst …« (54). Sie, die bislang in der Religion keine Tröstung gefunden hat, greift jetzt zu einem kindlich anmutenden Stoßgebet und ist zur Sühne bereit, nämlich eine untergeordnete bürgerliche Stellung annehmen zu wollen. Es darf aber angenommen werden, dass der erste Wunsch – der Vater möge tot sein – der dominante ist, denn Else hatte ihn schon früher gehegt. Als sie im Brief der Mutter erfährt, der erschöpfte Vater habe sich zum Schlafen niedergelegt, kommentiert sie: »Wenn er lieber nicht aufwachte, das wär das beste für ihn« (14). Im Gespräch mit Dorsday sagt sie sich: »Papa soll sich umbringen« (32); kurz darauf wiederholt sie diesen Wunsch, geradezu als Befehl: »Bring dich um, Papa!« (36), und noch einmal, beschwörend: »Papa, du mußt dich umbringen« (37). Der Wunsch wird im Folgenden jeweils wieder verdrängt und endet in Selbstvorwürfen: »Ich lebe hier als elegante junge Dame und Papa steht mit einem Fuß im Grab – nein im Kriminal« (19). (Im übrigen ein schönes Beispiel für einen vom Unbewussten gesteuerten Versprecher, eine sogenannte ›Freud'sche Fehlleistung‹.) Vordergründig wurde ihr ›Gebet‹ ja erhört: der Vater ist gar nicht tot – umso mehr verstärkt sich ihre Aggression gegen den Urheber ihrer qualvollen Situation. Da die Aggression sich aber nicht an dem direkten Adressaten, dem Vater, ausleben kann, richtet sie sich gegen Else selbst und treibt sie ins Verderben.

Man mag sich fragen, ob und warum das Ansinnen der Eltern sowie die Forderung Dorsdays tatsächlich gravierend genug sind, Else in den Selbstmord zu treiben. Viele Ursachen kommen zusammen. Else leidet schmerzlich darunter, mit ihren Lebensauffassungen, Plänen, Grundsätzen allein zu sein und von all den anderen alleingelassen zu werden. Der Akt der Prostitution, zu dem sie sich gezwungen sieht, bedeutet für sie eine Selbstaufgabe. Es ist aber dennoch weniger Verzweiflung, die sie antreibt, sondern eher der

Wunsch, so bleiben zu können, wie sie es möchte: die schöne, begehrte, interessante und mit Geheimnissen umgebene junge Dame, die sich nichts vormachen lässt und die sich nicht nur ihre Partner, sondern auch die Gesetze des Handelns nicht vorschreiben lassen will. Im Sinne der Psychoanalyse lässt sich sagen: Der Todestrieb erweist sich stärker als der Lebenstrieb. Es scheint hier notwendig, noch einmal unter einer anderen Perspektive auf die Rolle der Sexualität einzugehen.

Das Geschlechtliche hat für Else, wie schon wiederholt aufgezeigt wurde, eher etwas Bedrohliches und Abstoßendes. Dies kann daran liegen, dass sie noch keine realen Erfahrungen sammeln konnte. Es gibt aber eine weitere Deutungsmöglichkeit, auf die insbesondere in der neueren, speziell der feministischen, Forschungsliteratur verstärkt hingewiesen wird: Elses gebrochenes Verhältnis zur Sexualität kann interpretiert werden als Folge eines frühkindlichen Missbrauchs durch den Vater. Dass sie sich selbst als »Jungfrau« bezeichnet, muss kein Widerspruch sein, denn Else habe, will man dieser Deutung folgen, wie viele andere Missbrauchsopfer die Kindheitserlebnisse verdrängt und lebe insofern in einer Wunsch- oder Traumwelt, ohne die Schatten der Vergangenheit im Unbewussten ganz bewältigen zu können. Diese brechen immer wieder hervor: In der Annäherung durch Dorsday, dessen Berührungen sie mit Abscheu zurückweist, in ihrer Bindungsangst, die zu einer Liebesunfähigkeit wird, in dem gewünschten Tod des Vaters sowie der gleichzeitigen Identifikation mit dem Aggressor.[15] In diesem Kontext erhalten viele anscheinend belanglose Äußerlichkeiten Gewicht: Dass Else Dorsdays Gesicht als »riesengroß« (35) empfindet – ei-

> *Else – ein Missbrauchsopfer?*

ne Feststellung, die in der Novelle wiederholt variiert wird, bezogen etwa auf den Berg, auf Schatten, auf das Hotel – könnte aus der Kindperspektive stammen und das bedrohlich sich nähernde väterliche Gesicht meinen; mit dem Handkuss, der nach gesellschaftlicher Norm eigentlich nur der verheirateten Frau zukommt, degradiert Dorsday Else zum Sexualobjekt, so wie es der Vater früher getan haben mag: Denn dieses Motiv kehrt in Elses letzten Worten wieder, als sie beim Hinüberfliegen in eine bessere Welt sagt: »Küß mir doch nicht die Hand. Ich bin ja dein Kind, Papa« (81). Insofern wäre auch die Verwirrung, die Else angesichts der Anrede Dorsdays »liebes Kind« (30 f.) empfindet, als Reflex darauf zu deuten, dass Dorsday ihr in ähnlicher Weise nahetreten wird wie einst der Vater. Auch der Satz »Mach auf das Tor, Herr Matador!« könnte psychoanalytisch gedeutet werden: zum einen als Deflorationssymbol (der Matador trägt eindeutig die Züge des Aggressors), zum anderen als Todeswunsch, insofern das (himmlische) Tor geöffnet werden soll.[16] Die letztgenannten Deutungsansätze können solange für plausibel gehalten werden, als man bereit ist, tiefenpsychologische Maßstäbe anzusetzen. Zwingend notwendig sind diese Folgerungen jedoch nicht.

7. Autor und Zeit

Arthur Schnitzler wird am 15. Mai 1862 als Sohn des aus ärmlichen ostjüdischen Verhältnissen stammenden, aber zu Reichtum und Ansehen gelangten Medizinprofessors Johann Schnitzler und dessen Ehefrau Louise, geborene Markbreiter, in der Wiener Praterstraße geboren. Über seine Kindheit und Jugend legt er in einer autobiografischen Schrift *Jugend in Wien* ausführlich Zeugnis ab. Diese Schrift sowie andere Quellen belegen, dass er die Schulzeit ohne größere Probleme durchlief; allerdings ist er froh, als er mit der Matura (1879) die Schule mit ihren borniertem Lehrern hinter sich lassen kann. Schon früh interessiert er sich für Literatur, insbesondere für das Theater; wie viele andere Künstler seiner Zeit verbringt er als Knabe viele Stunden auf der Galerie und in den Logen des Burgtheaters. In jungen Jahren entfaltet er eine emsige Produktion eigener Werke: Gelegenheitsgedichte, Balladen, Erzählungen, vor allem aber dramatische Entwürfe, und er erträumt sich eine Karriere als Theaterautor. Allerdings fügt er sich ohne großen Widerstand dem Wunsch seines Vaters und studiert an der Wiener Universität Medizin. Dieses Studium verläuft durchaus erfolgreich, obwohl er die meiste Zeit in Kaffeehäusern – den Künstlertreffpunkten seiner Zeit – und im Theater verbringt; ebenso nehmen ausgiebige Liebeshändel viel Zeit in Anspruch. Zudem zeigt er sich auch der Spielleidenschaft (Poker, Pferderennen) verfallen. Noch während des Studiums absolviert er sein Militärjahr; trotz seiner Abneigung gegen alles Militärische genießt er den Erfolg, den er als eleganter junger Mann in Uniform bei der Frauenwelt

Frühes Interesse an Literatur

erringt. Mit 23 Jahren promoviert er zum Doktor der Medizin. Sein weiterer Lebensweg ist somit eigentlich vorgezeichnet, zumal sein einflussreicher Vater ihm behilflich ist, eine Anstellung am Allgemeinen Krankenhaus sowie eine eigene Praxis zu erhalten; aber seine Leidenschaft gehört weiterhin der Literatur sowie den Frauen. Bestätigung als Dichter findet er bei der gleichaltrigen Olga Waissnix, mit der er bis zu ihrem Tod (1897) in intensivem Briefwechsel bleibt. Daneben geht er vielerlei Beziehungen ein; die intensivste davon mit Marie (genannt »Mizi«) Glümer, die er 1889 als Sechzehnjährige kennen lernt. Mizi ist der Prototyp jenes »süßen Mädels«, das in Schnitzlers Dichtungen so oft vorkommt: Sie steht dem jungen Arzt zur Verfügung, ohne ihrerseits – jedenfalls zunächst – große Ansprüche zu stellen.

Mit melancholischen Einaktern, den nach der Hauptperson benannten *Anatol*-Stücken, gelingen ihm erste Bühnenerfolge. Nach dem Tod des Vaters (1892) gibt er die Anstellung am Krankenhaus auf und unterhält nur noch seine eigene Praxis, die er aber wegen seiner anderen Interessen vernachlässigt. Er verbringt nach wie vor viel Zeit in den Kaffeehäusern; dort trifft er sich mit anderen Wiener Literaten, von denen Hugo von Hofmannsthal der bekannteste ist. Eines seiner Stücke, *Das Märchen*, wird im Dezember 1893 am Deutschen Volkstheater uraufgeführt – und zwar mit der berühmten Schauspielerin Adele Sandrock, die bald mit Schnitzler ein Verhältnis beginnt, in der Hauptrolle –, aber diese Aufführung löst wegen des vom Publikum als unmoralisch empfundenen Inhalts einen Skandal aus und wird bald wieder abgesetzt. Schnitzler begründet damit unbeabsichtigt seinen Ruf als unsittlicher Schriftsteller; immer wie-

Bühnenerfolge und Skandale

Arthur Schnitzler
Foto 1925

der wird es in der Folgezeit zu Skandalen und Ärgernissen kommen. Mit dem Stück *Liebelei* (1896) schafft er zwar nicht nur in Wien (jetzt endlich am Burgtheater), sondern auch in anderen wichtigen Städten, z. B. in Berlin, den Durchbruch als Dramatiker, aber der *Reigen* (1897 geschrieben, 1903 erschienen) provoziert einen weiteren Skandal: Das Buch wird in einigen deutschsprachigen Ländern beschlagnahmt und verboten.

Auch die persönlichen Verhältnisse und Beziehungen bleiben weiterhin problematisch. Obwohl er sich oft heftig verliebt, vermag er keines seiner Verhältnisse stabil zu halten; er gilt als ausgesprochen heiratsscheu. Erst der couragierten Olga Gussmann, die er 1899 kennen lernt und die ihm 1902 den Sohn Heinrich gebiert, gelingt es, wenn auch reichlich später (1903), Schnitzler zur Heirat zu bewegen. Mit der in Österreich nach wie vor einflussreichen Offizierskaste verdirbt er es sich, da er in seiner satirischen Erzählung *Lieutenant Gustl* (1900) das Duellwesen attackiert und damit die sogenannte Standesehre der Offiziere als bloße Fassade entlarvt. Am Ende eines lange währenden Prozesses wird ihm schließlich die Offizierswürde aberkannt.

Erfahrungen und Enttäuschungen

Die nächsten Jahre sind geprägt durch eine reiche Produktivität; Erfolge und Enttäuschungen wechseln sich ab. Einerseits gehört Schnitzler jetzt zu den erfolgreichsten und am meisten gespielten Theaterautoren der Gegenwart, andererseits sind die Aufführungen immer wieder überschattet durch Zensurmaßnahmen sowie durch kleinliche Streitigkeiten mit den Theaterdirektoren, zu denen jetzt auch Max Reinhardt gehört, oder eifersüchtigen Schauspielern. Auf Wunsch seiner Freunde Hugo von

Hofmannsthal und Jakob Wassermann, aber auch in bewusster Konkurrenz zu ihnen, schreibt er den stark autobiografisch gefärbten Roman *Der Weg ins Freie*, den er 1908 abschließt. Sein Alltag wird bestimmt durch eine sich verschlechternde Ohrenerkrankung sowie durch finanzielle Sorgen. Neidvoll nimmt er die triumphalen Erfolge anderer Dramatiker wie Hermann Sudermann und vor allem Gerhart Hauptmann wahr. Im September 1909 kommt die Tochter Lili zur Welt. Dieses kluge und schöne Mädchen bereichert die nächsten 18 Jahre seines Lebens. – Das historische Schauspiel *Der junge Medardus*, mit dem Schnitzler an sein großes Vorbild Grillparzer anknüpft, wird ein überwältigender Erfolg, ebenso die Wiederaufnahme der *Anatol*-Einakter. In dieser Zeit fühlt er sich heftig zu der 24-jährigen Stephi Bachrach hingezogen, deren späterer Freitod (sie nimmt sich mit einer Überdosis Veronal 1917 das Leben) ihn tief trifft; auch Stephi lässt sich in einigen seiner späteren Frauenfiguren wiedererkennen. Mit *Professor Bernhardi* (1912) wagt er sich erstmals auf das Gebiet der politischen Dichtung; allerdings kommt es zensurbedingt nicht zur geplanten Uraufführung in Wien (die später in Berlin stattfindet). Dies verletzt ihn – in seinem fünfzigsten Lebensjahr – tief, auch die Ohrenkrankheit, über deren mögliche Heilung er sich keinen Illusionen hingibt, quält ihn weiterhin. Dennoch unternimmt er zahlreiche Reisen, meist um seine Stücke an den verschiedenen Bühnen zu sehen, und lernt zahlreiche zeitgenössische Autoren kennen, etwa Stefan Zweig und Heinrich Mann. In seinen erzählenden Schriften treten mystische Themen (unter dem Titel *Masken und Wunder* werden einige Texte veröffentlicht) sowie das Todesthema immer stärker hervor: *Die Hirtenflöte*, *Der Tod des Junggesellen*, *Der Mörder*, *Der tote Gabriel* u. a. Ablenkung findet Schnitzler in dem neuen Medium Kino und er beschäftigt sich intensiv mit der Umsetzung seiner Stücke in Spielfilme (bereits 1914 wird *Liebelei* verfilmt, zahlreiche andere folgen). Eine Schrift über ihn aus der Sicht der Psychoanalyse veranlasst ihn, sich wieder verstärkt mit dieser Lehre, mit der er sich schon früh und teilweise unabhängig von Freud beschäftigt hat, zu befassen, allerdings steht er zeitlebens psychoanalytischen Deutungen seiner Werke kritisch gegenüber, weil er der Überzeugung ist, sein Unbewusstes – oder, wie er es nennt, sein ›Halbbewusstes‹ – besser als alle anderen zu kennen.

Den Ersten Weltkrieg, insbesondere die zunächst herrschende Kriegseuphorie, erlebt Schnitzler mit Abscheu; er zieht sich mehr und mehr aus der Öffentlichkeit zurück. Er vernachlässigt jetzt die dramatische Produktion und wendet sich stärker den Erzählungen, seinem Tagebuch sowie der autobiografischen Schrift *Jugend in Wien* zu, die aus seinem Nachlass veröffentlicht wurde. In der 1918 publizierten Novelle *Casanovas Heimfahrt* thematisiert er die Problematik und Tragik des alternden Liebhabers. Seine persönlichen Umstände haben sich verschlechtert: Seine Frau Olga strebt die Trennung an, und er willigt ein; die Scheidung wird allerdings erst 1921 vollzogen. Die Tochter Lili verbleibt bei Schnitzler, der alle Versuche Olgas zur Rückkehr unterbindet.

Schriftstellerische Erfolge mit Erzählungen

Die Nachkriegszeit bringt auch für Schnitzler ökonomische und soziale Turbulenzen mit sich. Nach einer Phase, in der er äußerste materielle Not zu überstehen hatte, liefern jetzt die aus Amerika eintreffenden Filmhonorare die Grundlage für einen bislang nicht erlebten Wohlstand. Sie erlauben es Schnitzler trotz der grassierenden Inflation, seinen großbürgerlichen Lebensstil beizubehalten. Zu seiner Popularität trägt allerdings ein etwas zwielichtiger Umstand bei, nämlich der Skandal um den *Reigen*, der jetzt, nach Aufhebung der Zensur, endlich auch in | *Der Skandal um den* Reigen

Wien gespielt werden darf. Nicht nur hier, sondern auch an anderen Aufführungsorten kommt es zu Protesten und massiven Störungen, abwertenden – und teilweise antisemitischen – Kritiken sowie Verboten und Gerichtsverhandlungen, in denen sich Schnitzler grundsätzlich zur Abgrenzung zwischen Kunst und Pornographie äußert. Am Ende dieser Auseinandersetzungen werden er und die beteiligten Theatermacher zwar jeweils freigesprochen; Schnitzler ist jedoch des *Reigens* überdrüssig geworden, und er veranlasst, dass das Stück zeit seines Lebens nicht mehr aufgeführt werden soll.

Jetzt (1922) beginnt er eine Reihe von Novellenentwürfen, darunter die beiden Meisterwerke *Traumnovelle* und *Fräulein Else*. Mit der 13 Jahre jüngeren, literarisch hoch gebildeten Clara Pollaczek nimmt eine Liaison ihren Anfang, die, wenn auch nicht spannungsfrei, bis zu seinem Tod dauern wird. Probleme bekommt er auch mit seiner Tochter Lili, die starken pubertären Stimmungsschwankungen unterliegt. Allerdings scheint es deplatziert, diese Probleme mit den in *Fräulein Else* geschilderten Nöten der Protagonistin in Zusammenhang zu bringen, denn schließlich ist Lili noch ein Kind; eher dürfte Schnitzler an Stephi Bachrach gedacht haben. Der Autor selbst hat sich jedoch immer gegen solche allzu einseitigen Bezugnahmen verwahrt.[17]

Schnitzlers letzte Lebensjahre bringen dem Autor einige, auch materielle, Erfolge ein – in erster Linie aufgrund von Verfilmungen | *Verfilmungen*

einiger seiner Werke –, werden aber andererseits überschattet durch persönliche Spannungen – mit Clara, aber
auch mit der geschiedenen Frau, die immer wieder Versuche
zur Rückkehr unternimmt, insbesondere aber durch die
Nachricht vom Tod seiner geliebten Tochter Lili, die sich als
Siebzehnjährige bereits in eine Ehe gestürzt hat und ein
Jahr darauf (am 25. Juli 1928) in einer Depression sich mit
der Pistole ihres Mannes erschießt. »Mit jenem Julitag war
mein Leben doch zu Ende«, schreibt Schnitzler in sein
Tagebuch (3. Oktober 1929). Auch der Verlust vieler seiner
Lebensgefährten, darunter Hugo von Hofmannsthal, trifft
ihn hart. Trost findet er in der Arbeit, so etwa mit der vitalen
Schauspielerin Elisabeth Bergner, die seine Else im Spielfilm von 1929 verkörpert, und mit der er gerne auch eine Bühnenfassung erarbeitet hätte (wozu es jedoch nie
kommt).

Am 21. Oktober 1931 stirbt Arthur Schnitzler in seiner
Wiener Wohnung an den Folgen einer Gehirnblutung.

Es ist wenig sinnvoll, Arthur Schnitzler einer bestimmten
Epoche zuweisen zu wollen. Mit seinen Stücken ist er zwar
schon früh mit dem sogenannten **Naturalismus** in Verbindung gebracht worden, zumal er mit einigen Hauptvertre-
tern dieser Stilrichtung (Henrik Ibsen, Gerhart Hauptmann) persönlich bekannt gewesen ist. Zwar zielen seine
Intentionen auf soziale Missstände, aber weniger auf deren
Beseitigung; Schnitzler ist alles andere als klassenkämpfe-
risch. Er hält der Gesellschaft den Spiegel vor und will ihr
die Verlogenheit und Fassadenhaftigkeit deutlich machen.
Die Skandale, die er auslöst, bestätigen, dass er den Nerv
getroffen hat. Wenn überhaupt eine Zuordnung erfolgen
soll, dann lässt sich sagen, dass sein Werk Ausdruck des

Fin de siècle ist, also jener Kunstrichtung, die mit dem alten (19.) Jahrhundert abrechnet und auf den Trümmern des verbrauchten Zeitalters ein neues errichten will. Spätestens der Erste Weltkrieg und

Schnitzler, ein Dichter des »Fin de siècle«

seine politischen Folgen haben vieles, was in der ›alten Zeit‹ gut und richtig gewesen sein mag, in Frage gestellt und den Autoren, die sich in ihrem Werk noch in den Zwanzigerjahren damit befassten (neben Schnitzler waren dies etwa Stefan Zweig oder Jakob Wassermann), den Vorwurf eingetragen, sich einer »abgetanen« oder »versunkenen« Welt zu widmen. Schnitzler hat sich eingehend mit diesem Vorwurf auseinandergesetzt und kommt zu dem Schluss, die Individuen sowie die Wirklichkeiten, von denen er geschrieben habe, seien keineswegs vom Erdboden verschwunden.[18]

8. Rezeption

Fräulein Else erscheint ab der Oktobernummer der *Neuen Rundschau* 1924 in Fortsetzungen und Ende November als Buch. Erstmals hat Schnitzler die Veröffentlichungsrechte an den jungen Verleger Paul Zsolnay gegeben. Das Buch stellt einen der größten kommerziellen Erfolge Schnitzlers dar: Bis 1929 werden 70 000 Exemplare der Buchausgabe verkauft; Übersetzungen ins Englische sowie ins Französische (von Clara Pollaczek) erscheinen bald darauf (1925 bzw. 1926). Die ersten Besprechungen und Kritiken sind überwiegend positiv. Ein Rezensent spricht von einem »Meisterstück«, das allerdings »irgendwie anstößig« sei.[19] Ein anderer hebt die »höchste psychologische Finesse und Delikatesse« hervor.[20] Das Lob, das Schnitzler für seine Erzählung erhält, ist ihm gelegentlich fast peinlich.[21]

> Fräulein Else –
> *einer der größten*
> *kommerziellen*
> *Erfolge*
> *Schnitzlers*

Der Film mit Elisabeth Bergner von 1929 ist ebenfalls recht erfolgreich, auch wenn die zeitgenössische Kritik seine grundsätzliche Schwäche aufdeckt: Die inneren Vorgänge, Elses Gedanken und Empfindungen, mussten in Handlung umgesetzt werden. Der Regisseur Paul Czinner drehte eine Art Gesellschaftsfilm; er folgte der Chronologie und visualisierte somit die von Else assoziativ erinnerten Ereignisse, zudem nahm er einige Änderungen vor, insbesondere in Bezug auf das Ende: Else hat sich vor ihrem Auftritt – im Spielzimmer – bereits vergiftet. Hinzu kommen breit ausgestaltete Einzelheiten und verzögernde Elemente, die mit dem Fortgang der Handlung nichts zu tun

> *Der Stummfilm*
> *von 1929 mit*
> *Elisabeth Bergner*

haben und insofern eher störend wirken. Schnitzler, der die Szenenabfolge nicht mit Czinner besprochen hat, vertraut zunächst auf die darstellerischen Fähigkeiten Bergners, ist aber dann, als er den Film sieht, zunächst doch stark enttäuscht. Ihn stören die vielen Nebensächlichkeiten sowie die übertrieben zahlreichen Großaufnahmen, und insbesondere ärgert er sich, dass der »überhebliche und talentlose« Czinner seine eigene Version des Schlusses trotz Schnitzlers Einwänden realisiert hat; in sein Tagebuch notiert er am 20. Oktober 1929: »Was haben die Leute nur mit dem Schluss gemacht!«[22] Die Leistung von Elisabeth Bergner findet er zwar »wundervoll« – nur stelle der Filmtext »eine ganz andre Else [dar] als ich gedichtet hatte«.[23]

Nach Schnitzlers Tod wird auch eine von Ernst Lothar verfasste Dramatisierung auf die Bühne gebracht, in der der Monolog allerdings aufgegeben wird. Auch dies dürfte nicht in Schnitzlers Sinne gewesen sein, denn er hatte bereits früh angemerkt, »daß ich *Fräulein Else* weder dramatisiert habe noch zu dramatisieren gedenke; es wird vielmehr der Versuch gewagt werden, meine Novelle im Wortlaut auf der Bühne zur Darstellung zu bringen«[24]. Damit stimmt er übrigens auch mit Elisabeth Bergner selbst überein, die trotz ihres Erfolges in der Rolle zu dem Schluss kam: »Nichts auf der Welt [ist] falscher als ›Fräulein Else‹ zu verfilmen oder im Theater zu spielen. Die Else ist etwas, was nur gelesen werden kann.«[25]

Nach dem Krieg kam es noch zu zwei weiteren Verfilmungen: Im Österreichischen Rundfunk wurde 1974 eine Fernsehproduktion ausgestrahlt: *Fräulein Else* (Regie: Ernst Haeussermann), eine Gemeinschaftsproduktion von ORF und SFB. Es spielten u. a. Marianne Nentwich

Weitere Verfilmungen

(Else) und Curd Jürgens (Dorsday). Erstsendung: 6. Oktober 1974. Ferner produzierte wiederum der ORF 1987 einen Spielfilm *Fräulein Else* mit den Darstellern Edith Clever, Hans Jürgen Syberberg u. a. Nachhaltige Wirkung entfaltete der Text allerdings, wie Schnitzler und Bergner richtig festgehalten hatten, als literarisches Meisterstück, das gerade wegen seines psychologischen Tiefgangs auch bei jungen Lesern und nicht zuletzt als Schullektüre großen Anklang findet. Nichtsdestoweniger scheint es sinnvoll, im Unterricht auch die Verfilmungen, soweit verfügbar, einzubeziehen. Gerade der Stummfilm von 1929 kann wegen der Besonderheit seines Genres Anlass geben, über die Möglichkeiten der Verfilmung literarischer Vorlagen zu diskutieren. In dieser Hinsicht findet er auch bei Verfassern von ›Weblogs‹ im Internet Anerkennung; als Beispiel für viele mag die Bloggerin »Mariakaefer« (d. i. Maria Birnkammerer) gelten, die zwar festhält, dass Bergners Else aufgrund der spezifischen Notwendigkeiten, denen der Spielfilm unterlag, »meilenweit von Schnitzlers Else« entfernt sei, dass diese viel »mädchenhafter[e], naiver[e], kindlicher[e] und zerbrechlicher[e]« Figur aber sogar eher unser Mitleid wecken könne als die in sich selbst verliebte Else Schnitzlers. Sie kommt zu dem Schluss: Czinners Else sei »als Film gut, als Verfilmung nicht« und schließt sich dem Urteil von Schnitzlers Zeitgenossen an: Das Buch sei »unendlich reicher. Unendlich zwischenstufiger. Unendlich heutiger.«[26]

Ansonsten gibt es *Fräulein Else* auch als Hörbuch (s. Kapitel 10: Lektüretipps/Medienempfehlungen). Ebenso finden immer häufiger Lesungen statt; viele Schauspielerinnen machen es sich zur Aufgabe, das »Fräulein Else« zu sprechen.

Fräulein Else *als Hörbuch*

9. Checkliste

1. Unterteilen Sie die Novelle in einzelne Erzählschritte.
2. Welche Ereignisse treiben die Handlung voran und sorgen für Spannung?
3. Entwerfen Sie, aufgrund des Briefes der Mutter, ein Hintergrundbild, das die wahren Motive der Eltern, ihre Tochter um den »Liebesdienst« zu bitten, realistisch wiedergibt.
4. Analysieren und bewerten Sie die Lebensentwürfe Elses zwischen »Luder« und »Dirne«.
5. Beurteilen Sie Elses Entschluss, sich nicht nur Dorsday allein, sondern allen Hotelgästen nackt zu zeigen, vor dem Hintergrund der Bedingung, die Dorsday an seine finanzielle Unterstützung knüpft.
6. Diskutieren Sie, ob Else sich mit der Überdosis Veronal tatsächlich umbringen will, oder ob es sich dabei eher um einen Unfall handelt.
7. Tragen Sie zusammen, was der Leser über Elses Aussehen erfährt.
8. Welche Rolle spielt die Sexualität in der Gedanken- und Gefühlswelt der jungen Frau? Wie sind die teilweise unmittelbar aufeinanderfolgenden Widersprüche in ihren Auffassungen gegenüber Liebe, Ehe und Treue zu erklären?
9. Interpretieren Sie die Selbsteinschätzung Elses, ihr fehle es »an Energie«.
10. Inwiefern kann Dorsday als Typus des neureichen Juden gelten? Zeigen Sie auf, inwiefern Schnitzler für dieses Charakterbild selbstironische Elemente verwendet.
11. Wie beurteilt Else ihren Vater, und warum macht sie

ihm keine Vorwürfe, obwohl sie ihn als Betrüger durchschaut?

12. Wie beurteilen Sie die Tatsache, dass die Mutter in Elses Einschätzung schlechter wegkommt als der Vater?

13. Untersuchen Sie, inwieweit die Nebenpersonen Fred und Paul als Freunde und/oder Sexualpartner für Else in Frage kommen.

14. Was versteht Else – bei Cissy, aber auch bei anderen Personen – unter »affektiertem« Verhalten?

15. Informieren Sie sich in einem Sachwörterbuch/Nachschlagewerk über den Begriff »Innerer Monolog«. Erläutern Sie, wie Schnitzler diese Erzähltechnik zunächst in *Lieutenant Gustl*, dann in *Fräulein Else* verwendet hat und arbeiten Sie heraus, welche Unterschiede bestehen.

16. Machen Sie an einigen selbst gewählten Textbeispielen deutlich, wie der sogenannte »stream of consciousness« funktioniert.

17. Welche Rolle spielen sprachliche Eigentümlichkeiten wie etwa die Verwendung des Dialekts, Wiederholungen, Satzbrüche und Ellipsen sowie die zahlreichen Wortspiele?

18. Sammeln Sie Textbeispiele, in denen ein Zusammenhang zwischen dem Wetter und der Stimmung der Protagonistin hergestellt wird.

19. Welche Deutungsmöglichkeiten ergeben sich aus der wiederholten Verwendung der Begriffe »Matador« bzw. »Filou«?

20. Inwiefern liefert Schnitzlers *Fräulein Else* eine Analyse der Gesellschaft der Jahrhundertwende?

21. Stellen Sie dar, wie Else auf die »sozialen Determinanten« reagiert.

22. Informieren Sie sich über die Grundannahmen der Psychoanalyse Sigmund Freuds sowie über das Verhältnis zwischen Freud und Schnitzler und die unterschiedlichen Ergebnisse, zu denen sie kommen. Weisen Sie Elses Einstellung gegenüber der Sexualität und dem Tod diesen Grundannahmen zu und analysieren Sie mit ihrer Hilfe erneut Elses Verhältnis zu ihrer Umwelt. Gehen Sie dabei insbesondere auf das Thema »Aggression« ein.

23. Welche Hinweise liefert der Text, Else könnte im frühkindlichen Alter von ihrem Vater sexuell missbraucht worden sein? Ziehen Sie dazu auch die entsprechenden Veröffentlichungen von Astrid Lange-Kirchheim heran und beurteilen Sie diese These.

24. Was wissen Sie über Arthur Schnitzler, seine Herkunft, seine Entwicklung und sein literarisches Werk?

25. Gewinnen Sie aus Literaturgeschichten einen Überblick über die Schaffenszeit Schnitzlers (ca. 1890 bis 1930), und machen Sie sich ein Bild von den zeitgeschichtlichen Ereignissen.

26. Welche Epochenbezeichnungen finden sich in den literaturgeschichtlichen Übersichten und welche lassen sich mit Schnitzles Werk in Verbindung bringen?

27. Stellen Sie ein Tableau der Wiener Literaturszene nach der Jahrhundertwende zusammen. Informieren Sie sich über den Begriff »Fin de siècle« und nennen Sie Merkmale des Schnitzler'schen Werkes, die dessen Zugehörigkeit zu dieser Epoche erlauben.

28. Welche biografischen Ereignisse/Begegnungen sind für das Verständnis von *Fräulein Else* wichtig?

29. Vergleichen Sie die Verfilmung von 1929 mit der Novelle und beurteilen Sie die Äußerung Elisabeth Bergners: »Die Else ist etwas, was nur gelesen werden kann.«

10. Lektüretipps/Medienempfehlungen

Werkausgaben

Schnitzlers Erzählungen liegen im Rahmen seiner *Gesammelten Werke* vor:

Arthur Schnitzler: Die Erzählenden Schriften. Bd. 2. Frankfurt a. M.: S. Fischer, 1961. S. 324–381. (*Nach dieser Ausgabe wird in der Sekundärliteratur meist zitiert [»E II«].*)

Im vorliegenden Lektüreschlüssel wird nach der Reclam-Ausgabe zitiert:

Arthur Schnitzler: Fräulein Else. Novelle. Hrsg. von Johannes Pankau. Stuttgart: Reclam, 2002. (Universal-Bibliothek. 18155.) *Dieser Band enthält Worterklärungen sowie ein ergiebiges Nachwort.*

Erläuterungen und Interpretationen

Für eine weiterführende Beschäftigung mit *Fräulein Else* ist der Band in der Reclam-Reihe *Erläuterungen und Dokumente (EuD)* unverzichtbar:

Evelyne Polt-Heinzl: Arthur Schnitzler: *Fräulein Else*. Stuttgart 2002. (Reclams Universal-Bibliothek. 16023).

Wer sich kurz und bündig über Leben und Werk Schnitzlers informieren möchte, ist gut bedient mit dem Band:

Konstanze Fliedl: Arthur Schnitzler. Stuttgart 2005. (Reclams Universal-Bibliothek. 17653.)

In beiden Bänden finden sich zahlreiche Hinweise auf wichtige Sekundärliteratur. Aus der Fülle von Interpretationen seien hervorgehoben:

Allerdissen, Rolf: Arthur Schnitzler: Impressionistisches Rollenspiel und skeptischer Moralismus in seinen Erzählungen. Bonn 1985. Darin: S. 34–55: »Die Gespaltenheit der Existenz. Narzißtische und exhibitionistische Züge in *Fräulein Else*«.

Lange-Kirchheim, Astrid: Adoleszenz, Hysterie und Autorschaft in Arthur Schnitzlers Novelle *Fräulein Else*. In: Jahrbuch der Deutschen Schillergesellschaft 42 (1998) S. 265–300.

– Die Hysterikerin und ihr Autor. Arthur Schnitzlers Novelle *Fräulein Else* im Kontext von Freuds Schriften zur Hysterie. In: Thomas Anz / Christine Kanz (Hrsg.): Psychoanalyse in der modernen Literatur. Kooperation und Konkurrenz. Würzburg 1999. S. 111–134. – *Die Autorin arbeitet in beiden Veröffentlichungen ihre These vom frühkindlichen Missbrauch Elses durch den Vater heraus.*

Biographien

Außer den knappen Hinweisen zu Schnitzlers Leben bei Konstanze Fliedl sei verwiesen auf drei Darstellungen, die auch zahlreiche Illustrationen enthalten:

Scheible, Hartmut: Arthur Schnitzler in Selbstzeugnissen und Bilddokumenten dargestellt. Reinbek bei Hamburg 1976. (rowohlts monographien. 235.)

Schnitzler, Heinrich, Christian Brandstätter, Reinhard Urbach (Hrsg.): Arthur Schnitzler. Sein Leben, sein Werk, seine Zeit. Frankfurt a. M. 1981.

Wagner, Renate: Arthur Schnitzler. Eine Biographie. Wien [u. a.] ²1981.

Film- und Hörbuchempfehlungen

Der Stummfilm *Fräulein Else* von Paul Czinner (Deutschland 1929), der hin und wieder im Fernsehen ausgestrahlt wird (so am 28.10.2005 in »arte«) ist trotz der Schwierigkeiten, die er gerade jungen Leuten bereiten wird, durchaus sehenswert. Insbesondere können daran Studien angestellt werden, wie es der Schauspielerin Elisabeth Bergner gelingt, die wortreiche Rolle Elses stumm zu realisieren. Neben Elisabeth Bergner spielten u.a. Albert Bassermann und Adele Sandrock.

Im Österreichischen Rundfunk wurde 1974 eine Fernsehproduktion ausgestrahlt:
Fräulein Else. Regie: Ernst Haeussermann. Gemeinschaftsproduktion von ORF und SFB. Es spielten u.a. Marianne Nentwich (Else) und Curd Jürgens (Dorsday). Erstsendung: 6.10.1974.

Zu den Verfilmungen vgl.
Klaus Kanzog: Arthur Schnitzler: *Fräulein Else*. Der innere Monolog in der Novelle und in der filmischen Transformation. In: Ian Foster / Florian Krobb (Hrsg.): Arthur Schnitzler: Zeitgenossenschaften / Contemporaneities. Bern [u.a.] 2002. (Wechselwirkungen. Österreichische Literatur im internationalen Kontext. 4.) S. 359–372.

Die Schauspielerin Elisabeth Bergner hat den Text auch auf Schallplatte aufgenommen; diese Lesung ist wieder als CD erhältlich. Seit 2002 liegt eine weitere Hörbuchfassung vor, gesprochen von der Wiener Schauspielerin Senta Berger (erneut in der Reihe *Starke Stimmen* der Brigitte Hörbuch Edition als Nr. 12).

Anmerkungen

1 Arthur Schnitzler, *Briefe 1913–1931*, hrsg. von Peter Michael Braunwarth [u. a.], Frankfurt a. M. 1984, S. 411.

2 Brief an Stefan Zweig vom 6. 11. 1924, *Briefe* (Anm. 1), S. 372 f.

3 Ebd., S. 373.

4 Nachweis u. a. bei Achim Aurnhammer: »Selig, wer in Tränen stirbt. Das literarische Leben und Sterben von *Fräulein Else*«, in: *Euphorion 77* (1983) Nr. 4, S. 500–510, hier: S. 502.

5 Vgl. Lange-Kirchheim, 1998, S. 275, und *EuD*, S. 12.

6 Die folgenden Ausführungen orientieren sich im Wesentlichen an der Darstellung bei Gero von Wilpert, *Sachwörterbuch der Literatur*, Stuttgart ⁶1979 (Kröners Taschenausgabe, 231) S. 371.

7 Ebd., S. 793.

8 Aus der Forschung ist bekannt, dass Frauen während des sogenannten »prämenstruellen Syndroms« (PMS) oft nicht nur unter den körperlichen Beschwerden, sondern auch unter Antriebslosigkeit, Angstzuständen und Depressionen leiden.

9 Vgl. z. B. die *Traumnovelle* von 1924: Dort werden die Stationen von Fridolins Gang durch die Nacht jeweils eingeleitet durch Hinweise auf eine stetige Erwärmung.

10 Vgl. dazu *EuD*, S. 6 f. und S. 34, sowie Lange-Kirchheim, 1998, S. 271 f.

11 In einem Brief an die dänische Übersetzerin der Novelle erläutert Schnitzler diesen Begriff: »Else meint damit einen gewissen unnatürlichen, unangenehmen, wohl durch die sinnliche Erregung Dorsdays zu erklärenden Ton seiner Stimme«, *Briefe* (Anm. 1), S. 609 f.

12 *EuD*, S. 33.

13 Vgl. zu diesem Zusammenhang: J. Laplanche / J.-B. Pontalis, *Das Vokabular der Psychoanalyse*, 2 Bde., Frankfurt a. M. 1972 (²1975) (Suhrkamp Taschenbuch Wissenschaft, 7), Stichworte »Eros«, »Lebenstrieb«, »Todestrieb«, »Sexualität«, »Narzißmus«, »Thanatos« sowie die jeweiligen Querverweise.

14 Literarischer Niederschlag ist die *Traumnovelle*; vgl. dazu Bertold Heizmann, *Erläuterungen und Dokumente, Arthur Schnitz-*

ler, »*Traumnovelle*«, Stuttgart 2006 (Reclams Universal-Bibliothek, 16054), S. 67 ff.

15 Vgl. Lange-Kirchheim, 1998, S. 272.

16 Vgl. ebd., S. 271 f.

17 Vgl. Brief an Gabor Nobl vom 21. 2. 1925, in: *Briefe* (Anm. 1), S. 394 f.

18 Brief an Jakob Wassermann vom 3. 11. 1924, in: *Briefe* (Anm. 1), S. 370 f.

19 W. P., »Arthur Schnitzler, *Fräulein Else*«, in: *Der Kreis 2* (1925) H. 3, S. 50.

20 Hans Brandenburg, »Arthur Schnitzler: *Fräulein Else*«, in: *Die schöne Literatur* 26 (1925) H. 12., S. 543.

21 Vgl. *EuD*, S. 53 und Renate Wagner, S. 356 f.

22 Tagebucheintrag vom 20. 10. 1929, in: *Arthur Schnitzler, Tagebuch 1927–1930*, hrsg. von Werner Welzig, Wien 1997, S. 284.

23 Brief an Clara Pollaczek vom 15. 3. 1929, in: *Briefe* (Anm. 1), S. 597.

24 Brief an die Redaktion des *Tempo* vom 18. 2. 1929, in: Ebd., S. 590 f.

25 Zitiert nach: www.arte.tv/de/film/stummfilm-auf-arte/Stummfilm_20auf_20ARTE/1003046.html.

26 Für dieses häufig wiedergegebene Zitat konnte die genaue Fundstelle nicht ermittelt werden. Es findet sich u. a. auf der Arte-Homepage (Anm. 25) sowie auf www.mariakaefer.de

Raum für Notizen

Lektüreschlüssel für Schülerinnen und Schüler

Reclam